感謝する力

澁谷流～輝く未来の見つけ方～

リッキービジネスソリューション株式会社
代表取締役　澁谷　耕一 著

一般社団法人 金融財政事情研究会

はじめに

私はいま、大きな危機感をもって日本の社会を眺めています。

現在、すでに年収三〇〇万円以下の人が国民全体の四割を占め、生活保護受給世帯が一五〇万世帯を超えました。この二〇年間、GDPはふえず、世界経済のなかでみると、日本はどんどん貧しくなっています。「稼ぐ力」が果てしなく劣化し、赤字を計上する大企業が続出、どの業界でも必ず給料が減っています。それに伴って国は税収不足に苦しんでいますが、高齢化で社会保障費は激増しています。仕方なく赤字国債を発行しますが、それにも限界があります。これまで蓄えた個人資産が流出するのを、なすすべもなく見守るばかりです。親の遺産が五〇〇〇万円あるものの、毎年五〇〇万円ずつ引き出して使っているようなもので、一〇年も経てば家計は破綻します。

いまはそれなりに豊かな暮らしをしているので気がついていませんが、一〇年後の日本はいったいどうなっているのでしょうか。国にお金がありませんから、公務員の給料を下げ、教職員の給料も下げ、民間の給料も下がり、デフレが続いて経済がシューッとしぼんでいきます。元気のある企業や個人は、シンガポールやタイなどに出ていって仕事を見つけるでしょう。しかし多くの日本人には、その気魄《はく》もなく、厳しい現実に押し潰されてしまうかもしれません。

これらの状況を変え、日本人が幸せな生き方を見つけるにはどうしたらいいだろうか。考えれば考えるほど、道は一つしかないと思うようになりました。それは人に頼らず、自分の責任と自分の力で「自立する道」を選ぶということです。

これまでは高度成長期のモデルのまま、終身雇用を信奉してきましたが、その結果がいまの日本です。いい学校に入り、大企業や官庁に就職できれば、それがもう人生のゴールだと錯覚して思考が停止し、あとは問題を起こさないよう無難に与えられた業務をこなすだけ。自分の人生に対して、責任感がないのです。しかし本来は就職した時点がスタートであり、ここで成長を止めたら終わりです。

いままでは国や企業が個人を守ってくれました。しかしながら、これからの時代は自立した個人の実力が試されます。大企業であっても、組織に頼って生きるような人は不要でしょう。中小企業ならなおさらです。

人生は一つの会社経営です。実際に自ら起業をしなくても、人生は必ず経営しなければなりません。最近の企業のホームページをみると「経営理念」や「経営計画」などが書かれていますが、私たち個人も法人と同じように理念や計画をもち、自らをブランディングしていく必要があるのです。自分の得意分野を見つけて、徹底的に磨き上げ、お客様の役に立ち、一人ひとりが社会に貢献する。独立した個人が集まって、各自の得意分野を生かしながら助け合うというイメージです。頼れる人や組織を見つけて、なんとかぶら下がろうとするような、弱い者がもたれ合う社会は早晩沈没してしまいます。

私たちの人生の目的は何でしょうか。働く意味は何でしょうか。

私自身はこう考えています。

どれだけお金を稼ぐかではありません。どんな状況でも、まず人に喜んでもらうことをする。相手のために何ができるのかを第一に考える。そして感謝をする。そうすれば必ず社会のなかで私たちは求められ、生かされ、幸せに生きることができます。輝く自分を見つけることができます。一見、遠回りのようですが、この法則は確実に人生を豊かにし、安心をもたらしてくれます。そして自らの人生経営において、最もたしかな羅針盤になってくれるでしょう。

「感謝の心」と「喜ばれることをする」という二つの法則をぜひ皆さんにも共有してほしいという強い気持ちで本書を執筆しました。新しい日本社会を創るためにも、ぜひ一緒に一歩ずつ前進していきましょう。

本書の出版にあたり、金融財政事情研究会出版部の加藤一浩部長には大変お世話になりました。また、執筆にあたって、ライターの馬場千枝さんから貴重なご意見をいただきました。お二人に心より御礼申し上げます。

澁谷　耕一

目　次

第1章

人生の基準を変えてみよう

妻の死

私はいったい、どうしたら今日を生きることができるのだろうか。

長い人生のなかでは、挫折や失敗、大きな不幸など、実にさまざまなことが起きます。そして「生きる意味とは何か？」という、人間にとって、最も本質的な問いを自分に投げかける瞬間が、きっと誰にでも訪れるのではないかと思います。まして、何より大切な家族や愛すべき人を亡くしたとき、生きていく意味を見失い、明日を信じられなくなる。不確実なこの世のなかで、そういうことがいつ起きるとも限りません。

私にとって、その厳しい瞬間は、いまから一一年前にやってきました。二〇年以上連れ添った妻がガンで亡くなってしまったのです。

大学時代に知り合い、結婚した妻のきょう子はとても勉強熱心な努力家で、子育てをしながら、自分を高める努力を怠らない人でした。

私は大学卒業後、日本興業銀行に入り、ニューヨーク支店に転勤。アメリカで七年間、仕事をしました。その間、彼女はコロンビア大学の大学院に進み、政治教育学でPh.D（博士号）を取得しています。語学の壁もあるなか、人一倍熱心に勉強し、当時はまだ幼かった二人の息子の世話と学業をよく両立させたと感心するほどです。土日には私も育児を手伝いましたが、平日は出張などが多くて家庭は妻に任せていました。おそらく私の知らない、気がつかない苦労も多くあったのではないかと思います。彼女は早朝に起きて暗いうちから勉強し、自分の時間を上手にコントロールしていました。

日本に帰国後、妻は外資系企業に勤めて、人事コンサルタントとしてのキャリアをスタートさせました。その頃、三人目の子どもである長女・陽子が生まれ、忙しさに追い打ちをかけていたと思います。それでもきょう子は元気いっぱいに、育児も仕事も両立させていました。就職当初は日本でのビジネスの現場になじめず、苦労した部分もあったようですが、生来明るく前向きな女性でしたから、職場での信頼も厚く、頼られる存在でした。

一方、私自身も銀行の仕事に没頭していました。自分のキャリアを振り返ってみると、まず日本企業がアメリカに進出した八〇年代にニューヨークで働き、米本土での工場設立のお手伝いをしました。そして今度は外資が日本へやってくる九〇年代前半に投資銀行業務を担当。多くのM&Aを手がけました。いわば時代のスポットライトが当たる場所で仕事をする幸運に恵まれたのです。ある意味、典型的なワーカホリックだったのは間違いありません。

この頃の自分の行動を振り返ってみると、キャリアという意味では満足できるものの、家庭生活では大きな後悔が残っています。取り返しのつかない後悔です。私は完全に勘違いをしていたのだと思います。

ニューヨークで働いていた頃、私はある社長に出会いました。その人はまさに「家庭より仕事」を絵に描いたようなタイプで、ビジネスに熱中していました。「男は家庭なんかにとらわれていたら、いい仕事はできない。男は仕事で勝負するんだ」という考え方の人で、当時、三一、二歳だった私は、その潔い生き方にいたく感動してしまったのです。仕事を通じて社会、国に尽くす。家庭などより、こっちのほうがずっと大切で、これこそ男の生き方だと信じていました。ですから毎日、夜中まで働くのは少しも苦ではなく、休日も職場に出るし、銀行で一番の実績をあげることが目標でした。

しかし、この考えが間違っていたことを、妻の病気をきっかけに思い知らされることになるのです。

生きる意味がわからない

当時、私は香港支店副支店長として香港に単身赴任していました。きょう子は相変わらず熱心に仕事を続けていましたが、急に痩せて、体調が優れないときがあるというようになったのです。三人目の子どもを出産し、小さな子どもを育てながら出張をこなすなど、六年近く夢中で働いていましたから、疲れがたまったのだろうと思いました。そこで家族一緒に暮らそうと決め、彼女は会社に香港転勤を願い出ました。そして、ようやく香港に家族がそろったそのとき、左の乳房にしこりを見つけたのです。

すぐ帰国して左胸の全摘手術を受けました。もちろん私も手術に付き添いましたが、一〇日後には術後の妻を東京に残して香港に戻りました。私は相変わらず、仕事第一の考え方にとらわれていたのです。当時、香港支店に異動して一年足らず。ここで妻の病気を理由に帰国を願い出ると、自分のキャリアに傷がつくのではないかと、愚かなことを考えてしまいました。乳ガンなら切除すればよくなると安易に考え、彼女の健康より、自分の仕事を選んだのです。このことは、一〇年以上経ったいまでも深く後悔しています。

結局、私は半年ほど単身赴任を続けたものの、きょう子の体調も思わしくなく、東京に戻ってきました。彼女は毎月、癌検診を受けながら、少しずつ仕事にも復帰しましたが、手術から二年後、肝臓への転移が見つかったのです。そのときのショックは、もう言葉では表せないほどです。「手術直後の半年間という大事な時期に自分は仕事に没頭し、きょう子に無理をさせた。だから彼女は再発したのではないか」という思いが私を押し潰しそうになりました。

その日から闘病生活が始まり、きょう子は生きるために精一杯努力しました。「死」という言葉はいっさい口にせず、ただ「絶対に負けない」とだけいい、体によいものがあれば、何でも試してガンと闘いました。しかしその努力も空しく、二年後の二〇〇一年二月、医師から余命宣告を受けました。あと二、三週間、長くても数カ月。まるで悪夢のような話です。そこで私は銀行を休職しようと決めました。二四時間、彼女の側にいて、できる限りのことをしたかったのです。

ところが宣告から一週間もしないうちに容態が急変し、妻は亡くなりました。

突然、逝ってしまった彼女を前に、私はただ茫然としていました。結局、看病らしい看病もできなかった。彼女のために何もできなかったのです。死の三日前まで家族の食事をつくり、受験間近の次男の心配をしていたきょう子。その亡骸を前にして、私は後悔と絶望に押し潰され、なすすべもありませんでした。葬式の一週間後には職場に復帰し、それなりに働いていたはずなのですが、当時のことを思い出そうとしても、ほとんど記憶にないのです。夜はよく眠れず、辛い夢をみて深夜に目覚めることもありました。なぜか体の関節のあちこちが痛くなり、力が入らず、気力がすべて失せてしまったような感じです。

このとき、私は「生きる」という意味がまったくわからなくなりました。

努力家で、いつも前に進むことを目指して頑張っていたきょう子。しかし人はあっけなく死んでしまう。時間をかけて勉強し、自分を高め、世界中を飛び回って仕事をしても、それが何になるのでしょう。人は誰もがいつかは死にます。そして死んでしまったら、何もかもが無になるのです。彼女のあれほどの努力に、いったい何の意味があったのか、考えても考えても答えは出ません。

それは自分自身に置き換えても同様でした。仕事が好きで、情熱をかけてやってきましたが、私の行動は家族に負担をかけ、妻を死なせてしまったのかもしれない。自分はいったい何をやってきたのだろう。もうそこには人生の目的も未来への夢もありません。喪失感と絶望感に打ちのめされ、ただ無為に時を過ごしました。私は生きる意欲そのものを失っていたような気がします。

家事・育児は人生の修行

結局、こんな私を茫然自失のなかから最初に引き上げてくれたのは、子どもたちの存在でした。亡くなった妻が最も望んでいたこと。それはいうまでもなく、三人の子どもたちを無事に育て上げることです。当時、長男は一七歳、次男は一五歳でだいぶ手がかからなくなっていましたが、まさに青春真っ只中で精神的にむずかしい年頃です。さらに長女の陽子は小学校三年生ですから、思春期に向けて心身ともに成長していく時期でした。

その頃の私はみずほ証券に出向し、公開営業部長として働いていました。育児をするために、夕方六時に退社するなど、とうていできる部署ではありません。妻が亡くなった当初は、私の母をはじめ、妻の母、親戚などが入れ替わり立ち替わり家に来てくれて、何かと世話を焼いてくれました。しかし、その頃に父が胃ガンになり闘病生活が始まると、いつまでも身内に頼っていることもできませんでした。

このとき、私は今後一〇年間、子育て第一でやろうと決心し、ようやく身辺を冷静にみられるようになったと思います。そして銀行でのキャリアをすっぱりと諦めました。

もちろん、残念な思いがなかったわけではありません。二十数年働いて築き上げたキャリアを大切にしてきましたし、そしていつか支店長や役員になりたいという目標があったからです。しかし、いまは目の前の三人の子どもが最優先です。妻が亡くなったという、どん底の状態にあったからこそ、私は自分の人生の航路を大きく変えることができたのだと思います。

それからは毎日の現実に向き合って、新しい暮らしを考え始めました。

まず毎朝六時前には起きて洗濯をし、朝食をつくります。私の場合、夕方早くに帰宅できない日が多かったので、どうしても夕食は簡単になりがちです。そこで朝食を夕食替わりに考えて、朝からカレー、トンカツ、刺身、ステーキというメニューをどかんとつくります。ニューヨーク駐在時代、多少の料理はしましたが、最初のうちはつくれるメニューも少ないので、料理本を読んで研究したり、料理学校に通ったりもしました。

食べ盛りの長男、次男には好評だったこの朝食も、小学生の陽子には強烈過ぎたようで、「パパ、これは女の子の朝食じゃないよ」とぼやいていました。それでも自分のつくった料理で、成長期の子どもたちの日常を支える喜びは大きいものでした。まさに自分の手で彼らを育てている、という強い実感が湧いてくるのです。

それと同時に、私はあらためて女性のすごさを思い知った気がします。食事づくりには決して終わりがなく、仕事でどれだけ疲れていても、子どもには食べさせなければなりません。外で一日忙しく働いた後、キッチンに直行して料理をつくるとき、私はこれを何度「人生の修行だ」と感じたことでしょうか。

家事というのは、それほどの大きなエネルギーを必要とする大変な労働で、しかも家族との生活は日々の食事、洗濯、掃除などの継続性のうえに成り立っています。それを私の母は毎日、五〇年以上も続けていると思うと、あらためて母を、そして亡くなった妻、家事育児に奔走しているお母さんたちを尊敬するようになりました。

志を高くもち世のなかの役に立つ

こうやって子育ての日々を過ごしながら、私は自分の仕事にじっくりと向き合うようになりました。

銀行でも私の状況を理解してくれて、定時で帰れる部署への異動を提案してくれたのです。毎日六時に勤務が終わり、土日も休めるという環境は、たしかに家庭との両立を考えると便利かもしれません。しかし、それでは私自身が精神的に潰れてしまいそうでした。私は本来、どんどん外へ出ていき、たくさんの人と出会い、ばりばり働くのが好きなのです。安全に生きる手段だけを手渡されても未来がみえず、時間があればあるだけ余計なことを考え、時には後ろ向きになり、気持ちが落ち込んでしまうのは間違いありません。

この先、自分はどうしたらいいのだろうか。人生の目的はどこにあるのだろうか。

毎日、その重大な問題がのしかかってきて、頭から離れません。いろんな本を読んだり、常に考えたりして、自分の生きる道を探し求めました。その過程で、かつての私の目標だった銀行での出世は、すっかり過去のものになりました。子育て優先ということもありますが、結局、人は必ず死ぬのですから、組織のなかで偉くなって、たくさんのお金を稼ぎ、大きな家に住んでも、すべて一時期のこと。最後には全部なくなってしまうのです。そこに生きる意味や価値を見い出すことは、私にはできませんでした。

人は生まれて数十年で死んでしまう、はかない存在です。私はすでに四十数年生きてきて、これから余命が三〇年あったとして、自分という人間が日本に存在した意味は何だろうかと考えました。そして「存在意義」というものに思い至ったのです。

「志を高くもち、少しでも世のなかの役に立つことをやろう」

「残された私の人生の時間を通じて、この社会に何かよい影響を残していこう」

この発想が浮かんだとき、自分の心のなかにふっと収まるものを感じました。私がつくった何かしらのよい影響は、私の死後も社会のどこかに残り、後世の人たちのために役に立つに違いない。決して無駄にはならないのです。

こう考えると、私は体に力が湧き、元気が出てきました。私がここに存在するということには、ちゃんと意味がある。自分で自分の存在を肯定することができたのです。

志には大きな力がある

「人の役に立つことをやろう」「社会によい影響を与えよう」という、まさに生きるための土台ができたら、具体的な方法が次々と頭に浮かんできました。これまでの自分のキャリアを振り返り、最もインパクトのあるものは何か。それは企業と銀行の間をつなぐ役割なのは間違いありません。

企業は新しい事業展開をしたいと考え、銀行からお金を借りようとします。銀行のほうでも、しっかりした企業が相手なら、どんどんお金を貸したいと思っています。しかし現実には、なかなか貸出が進んでいない。銀行の金庫にはお金がだぶついているにもかかわらず、安心して貸し出せる企業が見つからないのです。

そのミスマッチの原因の一つが事業計画書の問題でした。

会社の社長が銀行へ行ってお金を借りようとすると、銀行は必ず「この先、三年分の事業計画書を出してください」といってきます。企業がどういうビジネスモデルを描き、どうやってライバルに打ち勝つのか、三年後はどういうバランスシートで、どんなキャッシュフローになっているのかなどを事業計画書で示さない限り、資金は借りられません。また希望に満ちてはいても、リスク管理の甘い計画書では銀行は納得しません。「社長、この不況のなか、この売上計画は本当に実行できるのでしょうか」と慎重な意見を出してきて、融資の話はなかなか進展しないのです。

そこで私の出番です。私は銀行員として企業融資のための稟議書をつくり、本部へ回す仕事をしてきました。まさに本業中の本業ですから、どんな事業計画書をつくれば銀行が安心して融資してくれるのか、手にとるようにわかります。有望な企業を融資で助け、企業の成長をサポートすれば社会貢献にもつながる。これを私自身のビジネスにすればよいのです。

独立起業の決意

そこで私は銀行を辞め、独立起業しました。子どもが三人もいますから、周囲には大反対されましたし、大きなリスクでもあります。でも、この事業は必ずやる価値があると思いましたし、自信もありました。何より、ただ静かに銀行勤めをしているだけでは、私は心身ともにどんどん衰弱し、おそらく生きていけなかったでしょう。

こうして私は「リッキービジネスソリューション株式会社」という会社を立ち上げ、自宅マンションを事務所にして事業を始めました。もちろん、うまくいかなかったらどうしようか、という心配はあって、だからこそ夢中になって働き、妻を亡くした辛さを考える暇もないほどでした。そして幸い、事業は最初から順調でした。起業するからには、本気で、命がけでやらなければなりませんが、高い志をもち、ブランディング、マーケティングをして戦略的な経営を続ければ、きっと成功するのです。

自分の経験からも思いますが、社会というのはうまくできていて、志の高い人を決して放っておきません。多少の苦労や失敗があっても立ち直れますし、社会がその人をなんらかのかたちで生かしてくれます。逆に自分の利益だけを追いかけて企業経営している人は、会社がうまくいかなくなったとき、誰も助けてくれません。その結果、経営は破綻してしまう。

つまり志にはそれ自体、大きな力があるのです。志があれば、どんな逆境にあっても人は生きていけると私は思っています。

人生が私に求めていることは何なのか？

それほどのパワーをもつ志をつかむにはどうしたらいいのでしょうか。

「自分だけが儲けたい」「大きな家に住んでリッチになりたい」などと考えている段階では、まず見つからないでしょう。ただ漫然と「自分探し」をしても、なかなかわからないものです。

かつての高度成長時代は、働いていればどんどん給料が上がり、消費生活が豊かになって家族は幸せに暮らしていました。こういう単純な社会から、現代の低成長時代になって、年功序列も終身雇用もなくなり、いくら働いてもお金持ちにはなれません。だからこそ「自分はどう生きるのか」という問いを、自分自身へ鋭く投げかけなければなりません。

何か宗教をもっている人なら考えるための方法があるのかもしれませんが、私を含めて、日本人の多くは特別、宗教には関心がないでしょう。結局、私たちには指針がなく、考えるにも基盤がないのです。

そこで、本当の志をつかむ一つの方法として、ぜひ試してほしい考え方があります。

「この人生で、自分は何を達成したいのか」という、自分発の発想を捨ててください。そして「この人生は、私自身に何をしてほしいのか」という、まったく逆の観点から自分を見直してみましょう。

自分探しというのは、あくまで自分主体で、なかなか客観的になれません。生きる意味を問うてみても、簡単に答えは見つからないのです。しかし、いったん自分から離れて人生を客観視し、「人生が私に期待しているもの」について考えてみると、何かをつかむことができるはずです。

私が、私の人生に求められていることは、社会で何か新しい仕組みを創り出したり、人と人との連携を創り出したりすることだと思います。自分が最も得意な分野ですし、社会の役に立つと思っているので、モチベーションは高まるばかりです。

私の人生はあと何年続くのかはわかりません。はっきりしているのは、いつか必ず終わるということです。そのとき、自分が人生に期待されていたことをやり遂げていたなら、心から満足して死ぬことができると思っています。

第2章

人生で最も大切なのは「感謝の心」

「ないのが当たり前」という価値観に切り替える

この章では、人生のなかで、何より重要な「感謝の心」についてお話したいと思います。

感謝することの大切さについては、広くいわれていることですし、何も特別な考え方ではありません。日常のなかに埋もれた、当たり前の感情のように思われているのです。しかし「感謝の心」のパワーというのは考えれば考えるほど、あまりにも大きい。その人の心のあり方はもちろんのこと、人間性自体を磨きます。さらには、その人を取り巻く環境、人とのコミュニケーション、仕事や家庭のあり方、そして未来の姿さえも変える力があるのです。

「感謝をすれば自分の未来が変わる」といわれても、いま一つピンと来ない人も多いでしょう。そこで順を追って、少しずつ感謝の力について説明していきたいと思います。まずキーとなる考え方の一つが「ないのが当たり前」という発想です。

私は銀行を辞めて起業したとき、すべてがゼロの地点にいました。会社員時代に得られていた定期的な収入がなくなりました。もちろんボーナスもゼロです。毎月、決まったお金が決まった日に入るという環境がいっさいなくなったのです。

起業したからといって、すぐにビジネスが軌道に乗るわけでもありません。銀行というブランドを背負っていたときには考えられなかった、惨めな体験をたくさん味わいました。以前から知り合いだった人に電話をかけて面会を申し込んでも、「興銀の澁谷」時代ならすぐに会ってくれた相手が、まったく相手にしてくれません。何年も経ってからその人と再会し、「起業したとき、なぜ会ってくれなかったのですか?」と尋ねたら、「銀行を辞めるというのは普通では考えられないから、何かトラブルでもあったんじゃないかと思った」といわれたことがあります。その後の私の仕事ぶりを知って、ようやく誤解を解いてくれたのです。

また、やっとアポがとれて時間どおりに先方のオフィスを訪ねても、三〇分、一時間と待たされて、冷たくあしらわれることも珍しくありませんでした。

このとき、私が「何もない」「ゼロ地点」という現実をどう受け止めたか。もし銀行員時代の発想で生きていたら、毎日が不平、不満、苦痛の嵐だったでしょう。定期的収入がない、ボーナスがない、信用を得られない、相手にしてもらえない、頑張って努力しても報われるとは限らない、そして妻がいない。あまりに厳しい環境です。

このような感情を抱いたまま仕事をしていても、決してうまくいくとは思えません。「以前はこんなに恵まれていたのに、いまは何もない」という落差に毎日直面します。日々が異常事態ですから、精神的にも参ってしまうでしょう。ことによればうつ病になってもおかしくなかったのです。

ないことに基準を置く

ここで考えたいのが「ないことに基準を置く」という発想です。

定期的収入がないのが当たり前。どの人も忙しいのだから、会ってくれないのが当たり前。電話は自分からかけるもので、誰からもかかってこないのが当たり前。「ないことが当たり前」という発想に切り替えた途端、瞬間的に絶望が希望に変わります。特別なことをするのではなく、何の努力もなく、心のあり方が一八〇度転換するのです。

アポをとろうとして断られたときも、「ちょっとくらい時間をくれてもいいじゃないか！」と怒るのでなく、そもそも断られるのが当たり前と思えば気になりません。仕事で疲れて家に帰ったら、子どもの食事をつくらなければなりません。家事をやってくれる人がいないのが当たり前ですから、ただ黙って料理をするだけです。

そして、たまさかアポがうまく入ると、大きな喜びが生まれます。「人は会ってくれないのが当たり前」なのに、会ってくれた。本当に感謝でいっぱいになります。仕事を頼まれれば、また感謝です。「仕事がないのが当たり前」なのに、仕事があるのですから。さらには仕事をサポートしてくれる社員の方々にも感謝でいっぱいです。リッキービジネスソリューションのようなベンチャー企業で働いてくれるということが、そもそもありえないことなのですから。

一日を振り返ってみれば、まさに感謝することがいっぱいあります。絶望やストレス、不満などをあっというまに打ち消してくれる、大きな感謝の力が「ないのが当たり前」という一言に含まれているのです。

「感謝の心」と人生の喜びは直結している

普通、人は試練や逆境を通じて「感謝の心」を学びます。悲しみや辛さを身をもって感じたとき、はじめて人の親切が身に染みて、その価値に感謝できるのです。

私は妻を失ったとき、彼女の大きな存在にあらためて気がつきました。彼女にはいつも感謝していましたが、本当はもっともっと感謝しなければいけなかったといまでも思います。

妻の死後、悲しんでいる私をみて、まだ小学三年生だった娘の陽子が

「パパ、寂しがらないで。陽子がママのかわりになってあげるね」

といってくれました。娘自身も悲しくて寂しいはずなのに、その温かな思いやり

に私は生きる力をもらいました。一生、忘れられないほどの感謝でいっぱいです。

また、銀行を退社し、起業に奔走しているとき、私は実に多くの方々から温かい援助を受け、助言をいただきました。そのありがたさは身に染みて感じています。

苦しいとき、辛いときに周囲の人から多くの助けをもらいましたから、私も人が必死になって頑張っているとき、心底苦しんでいるとき、助けてあげられるような人間になりたいと強く願っています。いま、身近で信頼できる人が起業すると、サポートしたり、出資したりするのも、そういう心理からなのです。

さらに今回の震災でもあらためて強く思いましたが、あって当たり前だと思っていたことが突然なくなるという場合があります。

電気、水道、ガスなどのライフラインがなくなってしまった途端、そのありがたさが浮き彫りになります。昨日までは日常のなかに、ごく普通に存在していたものが、翌日消え失せてしまうこともありえます。すべてのものが「ある」ということを基準にはできないのです。自分のなかに据えるべき基準は「ない」のが当たり前。そうすれば、すぐにでも身辺のあらゆることに感謝することができて、自分が成長します。

「当たり前」と思うと感謝の心は生まれない

一方、すべてに恵まれすぎて、何でも「当たり前」と思っていると、感謝の心は生まれにくくなります。親の援助で大学を卒業するのは当たり前、企業に就職できるのも当たり前、都心の立派なオフィスに通って仕事をするのも当たり前、ボーナスが出るのも当たり前という発想では、働く喜びすら感じにくくなるのです。将来、年をとって立場が弱くなってから感謝の心を知るのでは遅すぎます。手元になくなってしまってから、失ったもののありがたさを知るようでは、もう間に合わないのです。

今日も仕事があり、元気で働ける。オフィスに行けば、自分と一緒に働いてくれる人がいる。営業先で自分の話を聞いてくれる人がいる。家に帰ると、温かく迎えてくれる家族がいる。あらゆる場面で人に感謝することができますし、感謝することで自分自身も大きな幸せが得られるのです。

感謝について考えるたびに、思い出される言葉があります。それはイトーヨーカ堂の創業者である伊藤雅俊名誉会長が、ご著書のなかで語られたお母様の教えです。

イトーヨーカ堂の前身である洋品店の経営に邁進していたお母様は、伊藤さんに常々、こんな言葉で「商売の基本」を伝えていました。

「お客様は来てくださらないもの」
「お取引先は売ってくださらないもの」
「銀行は貸してくださらないもの」

（『伊藤雅俊の商いのこころ』より）

この言葉の真意をおわかりいただけるでしょうか。

そもそもお客様が来てくださらないものだと思えば、店にお客様が来てくださっただけで心底ありがたく、うれしい気持ちでいっぱいになります。もし買い物をしていただけたら、このうえもない喜びでしょう。また取引先は商品を売ってくれないのが当たり前だと思っていれば、売っていただいたときに感謝の念が自然と湧いてきます。銀行は資金を貸してくれないものだと思っていれば、貸していただいたときには本当にありがたく思います。

こうして感謝の心を第一に暮らしていると、人の支えをありがたく感じますから、自然と人間関係を大事にすることを覚えます。すると「あの人は誠実だ」「信頼できる」と評判になりますし、人の輪が広がり、人望にも恵まれます。

「あの人は将来、きっと伸びる人だから、いまから付き合っておいたほうがいい」

と周囲の人に思われるので、仕事でもプライベートでもご縁に恵まれ、自分自身の将来へも大きな影響力をもってくるのです。

この発想がすべてのビジネスの基本であるのはいうまでもありません。それと同時に、人として幸福に生きていく最良の道でもあるのです。「感謝の心」をもっと、どれだけ人生が明るくなるか、ぜひ感じていただきたいと思います。

「感謝されること」が生み出すパワー

「感謝すること」は、まさに自分の人生を変える力がありますが、では次に視点を変え、「感謝されること」について考えてみましょう。

私は以前、伊藤雅俊名誉会長にこんなお声がけをいただいたことがあります。

「澁谷さん、あなたは地方に出張することが多いから、何かおいしいものがあったらもってきてください」

そこでさっそく持参したら、まずご自分で食べてみて、すぐにセブン-イレブンとイトーヨーカ堂のバイヤーを呼び、試食させたのです。バイヤーたちはそれぞれプロフェッショナルですから、「これは商品としてはむずかしい」などと評価をし、とりあえず検討するという結果でした。

試食を終えたバイヤーたちが立ち去ろうとしたら、伊藤名誉会長が

「オイッ！」

と怒り出したのです。

「澁谷さんにお礼をいいなさい！　ちゃんと感謝しないと、澁谷さんはもうおいしいものを紹介してくれないよ」

この言葉を聞いて、私はとても感動しました。この日、私が持参したものはイトーヨーカ堂でもセブン-イレブンでも商品にはならないでしょう。しかし、それでも伊藤名誉会長は喜んでくださったのです。

「澁谷さん、今日はありがとう。またよろしく」

といわれれば、私は次によいものを見つけたら、勇んで伊藤名誉会長のもとにもっていくでしょう。もし逆に「つまらないものをもってきた」という対応で終わってしまったら、私は二度ともっていくことはないでしょう。さすが大商人といわれる方は違います。感謝を忘れないという姿勢で人が集まりやすい雰囲気を大切にし、情報をもってきてくれるように仕組みをつくっているのです。こういうところから、企業も個人もどんどん差がついていくのです。

常に相手の価値を認めて「感謝」する心

仕事の現場で「こちらがお金を支払うのだから、やるのが当たり前」と横柄な態度に出たり、取引先を業者扱いして見下す人がいたりしたら、相手はどう思うでしょうか。

その場では仕事だと割り切って、平静な顔をしているかもしれません。しかし、もう二度と一緒に仕事をしようとは思わないですし、とても信頼できる相手ではありません。それでも若いうちは周囲からちやほやされますが、結局、こういうタイプの人間は四〇代に入る頃になると誰からも声が掛からなくなり、自然と消えてしまうのです。

また、ここまで明らかに横柄な人でなくても、感謝することをおろそかにしたため、仕事上で失敗することもあります。

これは若い銀行員によくみられるのですが、一生懸命に新規開拓をやって、ついにお金を借りてもらったら、その瞬間は大喜びするものの、それ以降はぱたりとお取引先に行かなくなる人が多いのです。「新規一件」と片づけてしまうからゴールと感じるのであって、本来、経営者にしてみれば「初めて資金を借りた。ここから銀行との取引が始まる」と感じているのです。このポイントを押さえないと、お客様から信頼を得られません。

「社長、借入れ、ありがとうございます」

と感謝を伝えながら、こまめにお取引先に通っていたらどうでしょうか。

「この担当者はほかの銀行員とはちょっと違うな」

と必ず思ってくれます。その後も何かと目をかけてくれるでしょうし、自然とチャンスもめぐってきます。

これは保険の勧誘も同じで、加入してもらったら安心して、お客様への感謝を忘れてしまう人がとても多いのです。相手は保険外交員を信用して加入してくれたのに、「あなたにとって必要な保険だから入ってもらった」という態度でお礼の言葉もないようだと、更新などの機会があったら、あっけなく契約を切られる可能性もあります。

常に相手の価値を認めて感謝する心がないと、仕事の面でも伸びませんし、自分の将来も思ったとおりの成長が得られなくなるのです。

考えてみれば、人間とは不思議な生き物です。いくら仕事の対価として金銭が支払われたとしても、「ありがとう」の一言や感謝の気持ちをもらえなければ、いっぺんにやる気が失せます。逆に金銭的成果が低くても、あるいはボランティアのように無料であっても、相手に深く感謝されればうれしくなり、もっとやってあげようという気持ちがわきます。感謝してくれた相手を憎んで、潰してやろうと思う人は一人もいないでしょう。

人類がここまで進歩し続けてきたエネルギーの根源は「ありがとう」の気持ちではないか、と思うほどです。人生の幸福は感謝する量に比例していて、感謝するほど必ず幸せになれると私は思っています。

感謝すること。感謝されること。

そこには温かな心のやりとりがあり、目にみえない大きなパワーをはらんでいるのです。

人に喜ばれることをすれば、自分自身が輝く

人は生まれながらにさまざまな個性をもち、性格も異なり、コミュニケーションのとり方も千差万別です。しかし年齢性別や国籍にかかわらず、どんな人にも共通する心のあり方があります。「人は自分を喜ばせてくれた人を好きになる」という法則です。

誰でも人に親切にされればうれしくなり、親切な行いをしてくれた人に好意を抱きます。たとえば誕生日にお祝いのメールを送ってくれた。食事をごちそうしてくれた。本を送ってくれた。身のまわりにある、ちょっとしたことでも、気の利いた親切なら相手の心にしっかりと届き、強く記憶に残るのです。

たとえばあなたが関西出身の営業マンで、お客様との雑談の折、「今度、家族で京都旅行をするんだけれど」という話題になったら、チャンス到来です。「実は私、関西出身なんです。京都なら多少は知っていますから、ご家族連れ

にちょうどいい観光ルートをメールしますよ」と伝えて、さっそく旅の情報を送ります。先方は必ず喜んでくれるでしょう。その瞬間、お客様のもとに通っている大勢の営業マンのなかから、あなたは一番に躍り出るはずです。あなたの名前も一〇〇パーセント覚えてくださるでしょう。これほど簡単かつ強力な営業方法があるでしょうか。

私自身も以前、ニューヨークへ遊びに行く予定の人に、お勧めレストランのリストなどをファックスしてあげたことがあります。ニューヨーク駐在の経験を生かして、気軽にお手伝いしたつもりでした。でも先方は本当に喜んでくれて「澁谷さんのおかげで、あのレストランでおいしいものが食べられた」と、旅行の後何年経っても楽しかった記憶をもち続けてくださるのです。

人に喜んでもらうには、何もお中元、お歳暮といった定番の贈り物でなくてもいいのです。逆に誰もがやる方法というのはインパクトに欠け、先方もこちらのことを記憶してくれません。

たとえば営業マンのあなたが社長面談をして、その場に部長などの第三者が同席したら、まずその人のことを褒めましょう。

「御社があるのは、この部長のおかげですね」

この一言が、どれだけ部長を喜ばせることか。もちろんこれは方便ではなく、日頃からそう思っていることを、最適な場所で表現しただけのことです。しかし他社の人間にあらためて褒められると、社長も部長の能力を見直し、一目を置くようになります。すると褒められた部長はさらにあなたに好意をもってくれて、次回以降の面談がスムースになるのは間違いありません。

日頃から「感謝」の心に敏感でいること

まず相手のいまの状況をよくみて、何をしたら先方が喜んでくれるのだろうかと考えてみましょう。そして、ぴったりマッチした方法、意外性のある方法で喜んでいただくと、相手の心が動き、そこに記憶がつながり、親近感が生まれます。それが最終的にはしっかりした信頼関係に成長し、仕事においてもプライベートにおいても、豊かでより深い人間関係をつくっていくのです。

いままで「人を喜ばせること」を意識して実践したことがなく、あまりいいアイデアが湧かないという人の場合は、まず自分自身を振り返ってみましょう。夜、寝る前に「今日一日のうちで、うれしいなと思ったこと」「人に何かしてもらって、ありがたいなと思ったこと」を思い返してみます。

たとえば、残業でくたびれているときに、コーヒー一杯とねぎらいの言葉をもらった。急にアポを変更したにもかかわらず、気持ちよく面談してくれた。自分が大切に思っている人から自筆の手紙をもらった——。少し注意深く日常をふり返れば、うれしさの種、ありがたさの素はあちこちに落ちているものなのです。

日頃から感謝の心に敏感でいると、自分の感性が磨かれて「人を喜ばせること」も発見しやすくなります。基本は自分がしてもらってうれしいことを、人にしてあげればよいだけなのですから本当に簡単ですし、アイデアは無限にあります。また、やってあげれば先方に喜ばれて、そのようすをみているだけで自分も幸せな気持ちになれます。

このよい循環を根気よく繰りかえしていると、「○○さんは本当に親切な人だ」と周囲から愛され、求められ、温かな人間関係の輪のなかに入っていくことができます。まさに自分自身の人生が間違いなく輝き始めるのです。

第3章

逆境は自分を変える大きなチャンス

逆境を乗り越える、たった一つの方法

長い人生を生きていると、おそらくどんな人でも、さまざまな逆境にぶつかることでしょう。

たとえば私は、冒頭で書きましたように、四六歳のとき、妻をガンで亡くしました。これは私にとって、そして三人の残された子どもたちにとっても大変な逆境でした。

さらに世のなかを見回してみると、ありとあらゆる逆境が存在しています。天災や交通事故に遭うこともあるでしょうし、会社をリストラされるかもしれません。私のように会社を経営していれば、それがうまくいかなくなる場合もあります。人間関係につまづいて、精神的に非常に辛い場面に陥ることもあるでしょう。まさに逆境の姿は百人百様です

しかし本質をみてみると、どんな種類の逆境でも、それを乗り越えるには共通した道筋があるように思うのです。

まず逆境に出会った当初はなかなか立ち直ることができず、最初は周囲の人たちに援助されるかもしれません。私自身のことを振り返っても、妻が亡くなったときは親戚が次々とやってきて、残された家族をサポートしてくれたものです。誰かが自分のことを心配して、何かしら手助けしてくれること自体は本当にありがたく、立ち直っていくための土壌をつくってくれます。今日、明日に困っていることをなんとか解決できれば、少しずつ見失っていた自分を取り戻すことができると思います。

しかし、まだこの段階では本当の意味で立ち直ることにはなりません。逆境を本当に乗り越えていくためには、精神的にしっかりと自立し、自分自身の力で新しい環境を創り出さなければならないのです。そのための方法も千差万別です。直面している大きな苦しみに対して、どう解決していくのかを自分自身で考えて、そのときの自分が実行できる、最もよい方法を見つけなければなりません。

たった一人で立ち向かうには、あまりに荷が重く、とても対処できないのではないか。逆境に押し潰されてしまうのではないか。そんな風に思う人がいるかもしれません。

人の役に立つことを考える

そうやって、とことん追い詰められて落ち込み、もうどうしようもないという心境になったときにはじめて、心の底からグーッとエネルギーが湧いてくる瞬間があります。

「誰かのために役立とう」

「世のなかのために、みんなのために役に立つことをしよう」

と素直に感じることができたとき、本当の意味で逆境を乗り越えることができるのです。

もし自分に育てていかなければならない子どもがいれば、「この子のために頑張ろう」という意欲につながるでしょう。また、たとえ頼ってくれる家族がいなくても、仕事を通して地域のために、世のなかのために自分は何かができる。そこで求められている。自分を必要としてくれる人や組織、地域、国がある。そういう発見をしたとき、内側から計り知れない大きなエネルギーが立ち上がってくるのを、きっとどんな人でも感じることができるのです。

私の場合は「残された人生の時間を通して、社会に何かよい影響を残そう」と思ったとき、一度、完全に失ってしまった「生きる力」をたしかに、この手のなかへ取り戻しました。当初は自分に何ができるのか、すべてクリアにわかっていたわけではありません。しかし自分には銀行員としての長い経験があり、これを活用すれば、いま、困っている経営者のお役に立てるだろうという漠然とした思いがありました。銀行との資金交渉などで、自分の経験を生かせるからです。そして「僕を求めている人たちがどこかにきっといる。その人たちのために役に立つんだ」と決心して、動き始めました。もちろん最初から大勢の人たちに求められたわけではありません。しかし自分の使命を信じて起業し、自分で「人の役に立とう」と思って毎日を過ごしました。そうやって人生の意味を信じて前進し続ければ、必ず正しい答えが出てくるのです。

いま、本当に辛い場所にいて、明日を信じられない人に、ぜひこの経験を伝えたいのです。どのような逆境にいようとも、自分が誰かに必要とされていることがわかれば、この世に生かされている意味がわかります。

そして、必ずもう一度立ち直ることができるのです。

高い自尊心が自分を助けてくれる

人のために役に立とうと思うとき、まず重要なのが「自分自身がどのような存在であるか」ということです。

自分に自信がなく、自分のことが嫌いだったら、自分の発想も行動も信頼することができません。そのままの状態では「何かをやろう」というアイデアはとうてい出てきませんし、他人を思いやり、人のために活動することはむずかしいでしょう。自分は人の役に立てる存在なんだと信じられること、つまり「自尊心」がどれだけ大切なのかということを、再認識していただきたいと思います。

私は銀行に勤めていた頃、七年間、ニューヨーク支店で勤務しましたが、その頃から自尊心の重要さについて考えていました。仕事柄、大企業の社長、銀行の頭取、さらには後のアメリカ大統領、当時、アーカンソー州知事だったビル・クリントンさんにもお目にかかりました。しかし、どんな立派な人たちに会っても、自分は澁谷耕一だという自尊心があれば、怖じ気づいたり、おどおどしたりすることもなく、常に対等の立場でいられます。社会的地位は違っても、一人の人間として差はないのです。「プライドが高い」というとネガティブに聞こえますが、たしかな自尊心は人に勇気を与えます。

いまの日本は厳しい競争社会ですから、今後ますます勝ち組と負け組がはっきりしてきます。勝ち組になれば豊かな生活を享受できますが、負け組になると、いまよりも貧しい生活を送らなければならないかもしれません。しかし、それぞれの人が自分の仕事に誇りをもち、日々、充実して働いていたらどうでしょうか。

「自分は金持ちではないかもしれない。しかし、この仕事では絶対に他人には負けない能力がある」

「自分しかできないこの仕事を通じて、皆さんのお役に立っている」

このような「自尊心」があれば、自分が「勝ち組」であるか「負け組」であるかなどは、あまり気になりません。人の役に立つ仕事をしているのですから、ある程度は経済的にも報われますし、何より精神的なプレッシャーに負けることがありません。自分のあり方にごく自然な自信をもてますから、人にへつらうことなく、人目を気にすることもなく、いつも堂々とした態度でいられるのです。

多くの人は自信のある人に魅力を感じ、好きになりますから、「自尊心」の高いあなたは、どこへ出ても一目を置かれますし、周囲からの信頼を得られます。まさに「自尊心」は逆境を乗り越えるための、基礎体力のようなものなのです。

「弱み」のほとんどは「強み」になる

強い「自尊心」をもち、人の役に立つ仕事をする。それは一つの理想だが、実践するのはむずかしい。何から手をつけていいのかわからない――。

そんな疑問が湧いてきたら、ぜひ考えてほしいことがあります。自分の「強み」は何かということです。自分のなかに確固たる強みがあれば、それを生かしていくことが大事なのはいうまでもありません。ところが、これを実践しようとすると壁にぶつかるのです。

紙と鉛筆を用意して、自分の「強み」を書き出してみましょう。どうでしょうか？　いくつくらいの項目があがったでしょうか。わが身を振り返ってみたら、あまり強みが見つからず、がっくりした人も多いのではないでしょうか。

次に新しい紙を出して、ここには自分の「弱み」を書き出します。すると、ほとんどの人はおもしろいくらい、自分の弱みをたくさん見つけ出します。強みはなかなか思いつかないのに、なぜか弱い部分が続々と湧き出てくるのです。そのリストをみると、とても「自尊心」を高めることはできないと感じてしまうかもしれません。

しかし心配は無用です。ここで発想を一八〇度変えてみましょう。自分が「弱み」だと思って書き出したものの多くは、視点を変えるだけで価値が完全に入れ替わります。そしてほとんどすべてが自分の「強み」に転換できるのです。

発想を変えれば、「弱み」が「強み」に

たとえば「自分は人見知りが激しくて、それが弱点だ」と思っていても、それは「親しくなった人との関係を大切にする」と言い換えることができます。知り合った当初はなかなか打ち解けなくても、一度仲よくなれば関係が深まり、しっかりした付き合いをすることができます。一方、人見知りでない人は、初対面ですぐに打ち解けるようにみえて、実は表面だけの関係で、ただ調子がよいだけかもしれません。自分を本当に大切に思ってくれる相手ではないのです。

またビジネスの場などで若い女性は経験が少なく、弱みだらけだと思いがちです。しかし彼女たちは「若い女性」ということ自体が大きな強みです。たとえば若い女性なら当然のように知っている化粧品や洋服のブランドを、男性はほとんど知りません。おいしい食事を安く楽しめる店や、すばらしいおもてなし、気の利いたサービスをしてくれる施設など、若い女性たちは楽しみながら貪欲に知識を集めていますし、彼女たちの感性や情報、知識を生かした商品やサービスなど

が求められる場面で、大いに活用できるはずです。まさに弱みと思っていた部分が、そのまま強みなのです。

学歴がコンプレックスになっている人は、そもそも学歴が社会生活にどんな影響があるのかを考えてみてください。

人生六〇年、七〇年と生きていくなかで、「どの大学を出たか」などは「どの幼稚園を卒園したか」くらいの意味しかありません。東大に入ったりすると、人生の最高地点に達したなどと勘違いして、そこから先の成長が危ぶまれます。長い社会生活を営むうえで、ただ「東大を出た」ということだけではまったく強みになりません。起業をして立派な経営をしている社長たちの経歴をみると、実にさまざまな大学を卒業していることが多いのです。彼らは大学の名前で勝負しようとせず、自分自身の能力を生かすことを考えているのです。

また体の問題も「強み」に転換ができます。

最近、ある地方銀行の支店長からこんな相談を受けたことがあります。「自分は銀行に入行した後、結核になり、二年間入院治療をした。銀行にも迷惑をかけたし、昇進も遅れている」と悩んでいるのです。

でも私は彼のいう「弱み」がすべて「強み」に変換できると確信しました。病気の経験があれば、同じように長い入院生活を送る患者の気持ちがよくわかります。人の苦しみ、悲しみに共感できる力が身についたのですから、銀行マンとして中小企業経営者の厳しい立場も思いやれます。また周囲の人たちに世話になったという自覚があれば、感謝の気持ちが自然と湧き上がってきます。長い療養期間で読書もたくさんして、十分な知識も身についたでしょう。まさに病気という逆境があったからこそ学べたことばかりなのです。こういう辛い経験を何もせず、ただ順調に生きてきた人と比べて、ずっと多くの知恵、思いやり、深い感情を学ぶことができたのですから、完全に人生のプラスなのです。今後は体を大切にして、世のため人のためにしっかりと働いてほしいと思います。

「強み」が見つからない人は、人に尋ねてみる

私たちは誰一人として、自分自身の顔や姿を直接みた人はいません。鏡に映し

ても左右が逆転した姿ですし、せいぜい写真や映像という媒体を通して間接的にみているだけです。私たちは結局、自分自身を客観的に観察することは困難なのです。

それでは、どうしたら自分のことがわかるのかというと、いま、あなたの目の前にいる人があなたをどう思うかということが、その答えです。周囲の人がみるあなたが、実際のあなたなのです。

身近な人や会社の同僚などに「自分はどんな人間か？　どんな強みがあるか？」と尋ねてみてください。「明るい」「やる気がある」「のんびりしている」「気が利く」「楽しい人」など、いろんな言葉が出てくるかもしれませんが、総合したらだいたいの「自分像」がみえてくるはずです。それがまさしくいまの「あなた」であり、「強み」なのです。

相手に思われる自分が自分ですから、自分探しをする必要はありません。たいてい自分探しをしたくなるときは、何かの理由で自分の調子がよくないのです。そこに悩んで足踏みをしている時間があれば、周囲の人の言葉をしっかりと受け止め、自分に任せられた仕事を一生懸命にやることが「自分らしさ」への近道です。

好きなことが「成長の芽」になる

それでも自分の強みがわからない、何をやったらいいのかわからない、何が向いているのかわからないという人は、好きなことをやり、好きなことを勉強してください。

料理が好きという人なら徹底的に料理を勉強してみたらどうでしょうか。教室に通うのもいいですし、おいしいものを食べ歩き、ブログに記事をアップするというのもよい方法です。自分のつくった料理を写真に撮ってホームページにアップし、それを三カ月くらい続けていけば上達しますし、必ずみてくれる人がいます。それが何かのかたちで本にならないとも限りません。仮にシェフになることがむずかしくても、自宅で料理教室を開けるかもしれません。

もし絵を描くことが好きなら、それをちゃんと勉強し、子どもたちを集めて教えてみる。映画が好きなら、映画をみる会などのイベントを企画し、大好きな映画作家について短い講演をやってみるのはどうでしょうか。人前で話すとなると、あらためてちゃんと勉強しなければという意欲が猛烈に高まりますし、その後、お茶や食事をしながらみんなで映画を熱く語るのも楽しいものです。

好きなことを通じて、自分に何ができるのかという問題意識をもってみましょう。人に喜んでもらう方法を考えれば自然と視野が広がり、自分に向いた仕事、やりたいことが浮かび上がってきます。

好きなことがあれば、それは自分にとっての大切な成長の芽なのです。自分だけに備わった能力ですから、これを高め、磨く努力を惜しんではいけません。最近は絵画、映画、音楽、文学、スポーツなど、あらゆる分野で教育機関があり、関係図書も充実しています。自分が望めば必ず勉強することができるのです。しかも好きなことなら、やればやるほど楽しいので、苦しい努力すら必要ないのです。

また新しいチャレンジは自分の可能性を発見するチャンスです。

新しい仕事を任せられて、できるかどうか心配だったけれど、やってみたら思いがけない自分の力を発見した。こんなとき、あなたは自分の潜在能力を一つ見つけ出したのです。私自身、数年前までは人前で講演をすることなど、考えも及びませんでした。いまでは一年中、全国あちこちに出かけて数百人を前に講演をしています。

おそらく私たちそれぞれのなかには大きな潜在能力があって、その一部しか活用していないのではないでしょうか。ただし頭のなかで考えているだけでは、自分の強みや能力は見つからず、勇気を出してチャレンジした人だけが初めて気づくことができます。どうぞあまり怖がらず、ぜひ一歩進んでみてください。いまの状態を嘆いている暇があれば、行動を起こすことこそ重要なのです。

人脈が欲しければ、自分から与えること

自分の仕事の幅を広げたい、何か新しい方向性を見つけたい。そんな意欲あふれる人たちは「人脈」という言葉に惹かれると思います。異業種交流会に出席し

たり、さまざまな機会を使って人脈を広げようと努力したりしている人もいるでしょう。また先輩、知人を訪問して「よい人を紹介してもらえませんか」と頼むことがあるかもしれません。

しかし、そのような努力をしても現実的にはなかなか人脈が広がらず、交換した名刺だけがふえていくのです。

それでは、なぜ人脈がふえないのか。それは、お互いの信頼関係が十分に築かれていないからです。

人を紹介するというのは、ある意味、非常にリスクの高い行動です。たとえば私がA君に頼まれて、大切な友人を紹介したとします。ところがA君と友人との間でトラブルが起きたらどうなるでしょうか。私の顔は完全に潰され、友人からは「A君のような人間を紹介するなんて。君は信頼のできないやつだ」と思われます。私が長い間、大切に築いてきた友人との関係まで壊れてしまうのです。

人を紹介してもらえるほど相手の信頼を勝ち得るには、こちら側の努力が欠かせません。この章のはじめに書いた「誰かのために役立とう」という言葉をあらためて思い出していただきたいと思います。人脈が欲しいと思ったら、まず「相手の人脈をどうしたらふやしてあげられるだろうか」ということを徹底して考え、実行しましょう。こういう行動を真剣に実践する人は世のなかにほとんどいませんから、先方から圧倒的な信頼感を勝ち取ることができるのです。

しかし見返りを求めることなく自分の人脈を人に手渡し続けると、自分の身辺は空っぽになってしまうのではないか。そんな不安に駆られる人がいるかもしれません。また紹介した先で仲よくなって、自分は取り残されるのではないかというネガティブな気分になることもあります。

先行投資は必ず生きる

しかし物事は常に長期的な視点で考えていく必要があります。

信頼し、応援したい相手に人を紹介したのですから、「もったいなかった」「あんなことをするんじゃなかった」など、ケチな発想はいっさいやめましょう。人間ですから、妬みや嫉妬という感情が出てくることがあるかもしれません。しかし「自分はあの人を信頼し、成功してほしいと願っているんだ」と思い返し、自分はいくらでも新しい人脈をつくればいいのだ、という大らかな気持ちで前進します。

そして一カ月、二カ月が過ぎれば、よい人を紹介してもらって満足した相手が「あなたのおかげで助かった」と喜んでくれるでしょう。こちら側もうれしい気分がしますし、何より自尊心が強まり、自分のやる気を高めてくれます。そのうちに先方はあなたのことを思って、必ずよい人脈を紹介してくれます。自分が信頼し、見込んだ人からの紹介ですから、間違いない人たちばかりですし、あなたにとっても大きな財産になるのです。

どんな企業でも、業績を伸ばすためには必ず先行投資をします。その直後は収支がマイナスになりますが、そこから生産を高めて、最終的には投資分を回収するのです。

「人脈をふやす」という行動も、企業の投資と似た部分があります。まず最初に人脈を手渡すこと。しかも人脈はパソコンに入っている書類のようなもので、コピーを手渡しても本体はきちんと残っているのです。人を紹介したら、自分の在庫が途切れると思いがちですが、そういうことはいっさいありません。そして、ある程度の時間差を経て、必ず新しい人脈が手に入るのです。

多くの人は先行投資をすることなく、リターンだけを得ようとします。しかし、それでは成功するはずがないのです。逆転の発想をして、まず投資からスタートさせましょう。必ず、自分の望んでいた新しい「人脈」を得ることができます。

まずは小さな旗を掲げよう

人脈をつくるという視点で考えると、イベントやセミナーなどの会合を通じてネットワークをつくるのは非常に効果があります。私自身も食に関するイベントを企画し、運営するなかで、世界を大きく広げることができました。

イベントの最初のきっかけは、小さな気づきでした。

私の会社でお付き合いの多い日本各地の地方銀行は、地元のバイヤーを集めて、しばしば商談会を開いていました。取引先である食品製造業者や農畜水産業者の商品を紹介するのが目的です。しかし各地銀が独自に商談会を開くと手間とコストがかかりますし、自分たちのなかでのネットワークでは出展企業も限られてしまいます。もし、これを全国規模で行えば効率もよくなり、バイヤーと生産者との出会いも飛躍的にふえるはずです。そこで取引が始まれば、バイヤー、生産者、銀行にとっても喜ばしいことばかりでしょう。私はさっそくこれを実践することにしたのです。

二〇〇六年一一月、地方銀行五行の参加を得て、東京国際フォーラムで第一回「地方銀行フードセレクション」を開催しました。これが好評だったので毎年の開催を決め、翌年の第二回には八行が参加、二〇〇八の出展企業・団体が集まりました。第三回以降は東京ビッグサイトに会場を移し、右肩上がりで参加銀行がふえていきました。二〇一一年に開催した第六回「フードセレクション」では、北は北海道銀行、南は琉球銀行まで三七行が参加。出展企業・団体は六一二を数え、一万人以上のバイヤーが集う大きなイベントに成長したのです。

この商談会には地方銀行が推薦する企業・団体が参加します。彼らは地元の雇用と経済をしっかりと支えている存在なので、信用面での安心があります。また全国津々浦々の商品・食材がずらりと並ぶので、バイヤーにとっても効率的にみて回ることができます。これらの特徴に惹かれて、年々、参加者がふえ、成功に至ったのだと思います。

もともとリッキービジネスソリューションは企業のコンサルティングを多く行ってきましたが、最近では「フードセレクション」に関連する事業もふえ、人脈ばかりでなく、仕事の幅が飛躍的に拡大しました。人と人をつなぎ、喜んでいただく。相手のことを考えた行動が、結果的には私たち自身をも成長させてくれたのです。

喜んでいただくための方策

このようなイベント、セミナー、勉強会などの企画は、参加者に喜んでいただくという趣旨で始めれば、きっと成功します。ところが「出席者が少なかったらどうしよう」「案内状の作成、発送が面倒だ」「場所の確保、飲み物、食べ物の手配は手間がかかる」など、「できない理由」を最初から前面に出して、やる前から諦めてしまう人が多いのです。これは本当にもったいないことです。

最初から大がかりなイベントはむずかしいですし、リスクもあるでしょう。まずは小さな会場で少人数を集め、お金をかけず、こぢんまりとした会合からスタートすることをお勧めします。それでうまくいかなければ、別の方法を考えればいいし、皆さんに喜んでもらえれば自然と継続し、拡大していくものです。

特に気負う必要もありません。自然な気持ちで、自分から小さな旗を掲げてみましょう。すると「この人の考えることはおもしろいな」「立派な志がある」と感じた人が続々と、その旗のもとに集まってきます。そして自分でも想像しなかったようなすばらしい出会いが生まれ、それがいつしか価値のある人脈に成長していくのです。

人付き合いに手間暇を惜しまない

人脈は短期間で簡単に築けるものではありません。だからこそ意味があります し、ビジネスのうえの付き合いとは違って、仕事が途切れたから付き合いが終わるということはありません。さまざまなかたちで長く継続し、それが自分にとっても大切な財産になるのです。

しかし人付き合いは、常に丁寧なメンテナンスを必要とする分野です。日々のビジネス現場では効率を重視して活動していると思いますが、こと人付き合いについては、効率性は二の次、三の次です。あえて手間暇のかかることをするのが正解なのです。

たとえばお中元、お歳暮を贈られたら、「○○が着きました。ありがとうございます。家族でおいしくいただきました」などの挨拶をするのが当然です。本をプレゼントされたら、できるだけ早めに読了し、手紙に感想を書いて送りましょう。どうしても時間がなければ、「本を頂戴しました。ありがとうございました。これから拝読させていただきます」という内容の礼状を送るのが最低限の礼儀です。

お中元でも書籍でも花でも、贈った相手は心をこめているのですから、丁寧で素早い応答が何より大切ですし、それが今後の相手とのお付き合いの基礎になります。こういった基本を忘れたり、手抜きをしたりするようでは、あらゆる相手とのお付き合いが先細りになり、人脈など築けるはずもありません。

また日々の細かなお付き合いも忘れないようにします。誰かに食事をごちそうになったら、お礼の挨拶は欠かせません。メールでの礼状でもかまいませんが、文面には気をつけましょう。テンプレートの引用ですませるような手抜きメールは、先方の気持ちを考えているとは言いがたいのです。

メールを出す側にすればたった一通ですが、受け取る側は大勢の人から礼状を受け取っている可能性があります。仮に三〇通のメールを受け取り、そのほとんどがテンプレートをコピーペーストし、簡単にアレンジしたものだったらどうでしょうか。「Aさんの文面もBさんの文面もそっくりだ。形式的な礼状だ」と受け取られ、お礼の気持ちがきちんと伝わりません。

そんなテンプレート風メールが多いなか、文頭から文末まで自分の文章で書いてきた人がいたらどうでしょうか。特別な名文でなくても、読み手の気持ちをグッと惹きつけ、忘れられない相手になります。もろちんメールではなく手紙を書けば、さらに印象が強くなるでしょう。人が簡単にすませようとする部分で、あえて手間暇と時間をかける。それが、よい人間関係の構築につながるのです。

人とのご縁を大切にする

また相手のことを思って行動するフットワークの軽さも大切です。

冠婚葬祭はもちろん、友人知人が企画したイベントで出席したほうがいいなと思うものがあれば、自分の予定を変更しても出かけましょう。営業先の部長が家を建てれば、たとえ自費であっても新築祝いを贈るのです。

個人的な時間、経費を使って相手のために行動するというのは、ある程度の自己犠牲が必要です。しかし人付き合いに手間暇をかけるほど、相手との関係は深まっていきます。地道な実践の繰り返しで「○○さんは人とのご縁を大事にする人だ。私も○○さんとの付き合いを大事にしよう」と思っていただけるのです。これが後々、自分にとっても大切な財産になっていきます。

実際、周囲を見回してみても、立場が上の人ほど、このことを細やかに実践されています。

私はクライアントをはじめ、日頃お世話になっている方々に自著を謹呈することがあります。すると多忙なはずの経営者ほど、すぐに御礼と読後感をしたためた手紙やハガキ、Eメールをくださるのです。その理由を考えたとき、「あ、そうか」と実感しました。「即座に御礼のできる人だからこそ、経営者になれたのだ」と。

リスクをとってバリバリ働いている彼らこそ、実は「人との触れ合い」を何より大切にし、「人とのご縁」に対する感受性がとても豊かだったのです。

相手の信頼を勝ち得る方法

日々の社会生活を送っていると、何かの機会に、自分にとってスペシャルな相手と出会うことがあります。

たとえば自分とは違った価値観と幅広い視野をもっている人、社会的地位と広い人脈があり、仕事で立派な成果をあげているのに常に謙虚でいる人など、一緒にいることで自分を高められる人物がいれば、ぜひ親しくなりたい、できればメンターになってほしいなどと感じるときがあると思います。

しかし実力と人気を備えた有力者というのは、周囲に大勢の取り巻きがいます。そのなかには「この人を利用したい」と考えている人物もいるのです。ですから有力者はとても警戒心が強く、信頼を勝ち得るには地道な努力と長い時間が必要です。私自身、「よし、この人だ」と信じたら、どこまでも食らいつき、徹底的に理解する努力を重ねます。

二〇〇二年、私は、ある方の紹介でアフラックの最高顧問・創業者の大竹美喜さんと昼食をご一緒する機会を得ました。大竹最高顧問は日本初のがん保険をスタートさせた創業経営者で、ユニークな経歴、豊かな経験と見識はいうまでもなく、大企業のトップでありながら常に気さくで、感謝の気持ちを忘れないすばらしい人物です。語られる話の一つひとつが心にスッと入ってきて、私はその人生観、人となりに深い興味を抱いたのです。

この日から私はあらゆる機会をつくって大竹最高顧問に会うようにしました。著書を読み、講演会に足を運び、さらに朝食会などで面会する機会があれば、最優先で予定を入れました。また講演でシアトルに行かれるという話を聞いたら、早速私も日程を合わせて休暇をとり同行することにしました。飛行機代は自前ですが、旅先では授業料無料で大竹最高顧問のお話をたっぷり拝聴することができたのです。

その後、イタリア・ボローニャや韓国にも私設秘書のようなかたちでご一緒させていただきました。大竹最高顧問の行かれるところには、どこまでもついていく。そのような気概をもって、とことん突き進んだのです。すると、次第にご自身が関係するプロジェクトに私を参画させてくださるようになり、また私のほうでも大竹最高顧問が寄付をするＮＰＯ団体に寄付をし、事務局のお手伝いなども、できるだけご協力させていただきました。そうやって今日に至るまでの長い時間、お付き合いさせていただくなかで、私は非常に多くのものを得てきました。まさに生涯最高のメンターにめぐり会うことができたのです。

相手の幸福と成長を願う

もしあなたの前に「ぜひ親しくなりたい」と思う人物が現れたら、決して中途半端な行動はとらず、常に相手の幸福と成長を心から願い、徹底したサポートを実践することです。たとえば、その人が講演会を行うのなら、自分の予定をキャンセルしても出席します。もし可能であれば、事務局のお手伝いをするのもよい方法です。その人の出張先に駆けつけて、手弁当で秘書がわりに働くなどの積極的な行動をとれれば、短期間で親しくなれる可能性もあります。

そして重要なのは、自分の行動に対して、いっさいの見返りを求めないということです。

自分のまわりの人間関係を振り返ってみてください。両親以外で、自分のことを親身になって考え、無条件にサポートしてくれる人は何人いるでしょうか。

親戚はもろちん、ともに育った兄弟姉妹にしても、遺産相続で骨肉の争いになることもあります。兄弟が経済的に困って助けを求めてきたとき、自分の蓄えを最後の一円まで差し出すでしょうか。人と人との距離感は非常に繊細で、一〇〇パーセント、自分のことを思ってサポートしてくれる人物など、実際にはほとんどいないといっていいほどです。

そんな社会だからこそ、いっさいの見返りを求めず、相手のサポートに徹したら、その人は例外なく感動してくれるでしょう。あなたの行動、人となりが心に強く刻まれ、その人にとって、あなたが特別な存在になる。これは例外のない、人間関係構築の絶対的な法則なのです。

第4章

人生の経営者になろう

世界的な経済競争が始まる

いうまでもなく、現在の日本社会は危機的状況にあります。その大きな要因は少子高齢化や人口減少によるものですが、グローバル経済を考えると円高も見逃せない問題です。

ドルに対して、いったい円はいくらになるのか？　この質問をされると、私はいつも「とりあえず六〇円くらいにはなるでしょう」と答えます。すると多くの人が驚いた顔をするのですが、この数値予測にはこんな理由があります。

第二次世界大戦後から四半世紀の間、円は一ドル三六〇円という固定相場でした。それが一九七一年のニクソン・ショックで二四〇円になり、一九八五年九月のプラザ合意の一年半後に一二〇円になりました。この数字をみていくと、次は六〇円になるという予測が立つのです。

まるで数字遊びのようですが、そもそも為替レートというのは自然現象ではありません。人間が考え、合意して決めていることなのです。円高は日本にとっては都合の悪い話ですが、他国にとってはそうではありません。それどころか、どの国も日本の通貨が自国の通貨に対して、いったいいくらなのか、安いのか、高いのかなどまったく興味がありません。

たとえばアメリカに行ってみると、アメリカ人は一ドルが何円なのかなど、誰も知らないし、気にしていません。それと同じく、日本人も一イギリス・ポンドが何円なのか知りませんし、一スウェーデン・クローナが何円なのかも興味がありません。結局、世界各国の人たちは自分の国の経済のことしか考えていないのです。

そして世界経済の現状をみると、リーマンショック後のアメリカはどんどん財政出動をして赤字がふえ、大量発行した国債も格下げされました。ギリシャ問題を抱えるユーロも財政出動が限界に来ています。

すると各国が考える選択肢は輸出の促進です。輸出をふやし、貿易黒字をつくっていく。そのためにオバマ大統領はドル安政策をとり続けますし、ヨーロッパもユーロ安政策でいくでしょう。完全に円のねらい打ちですが、それは特別なことでもなんでもありません。自国の経済活性化を考えて、自分たちの間で合意して行っていることなのです。日本の首相がいくら為替に介入したところで、他国は誰も協調してくれないでしょう。それぞれが自国優先にものを考え、円高でいいと思っているのですから、当たり前です。

なぜこのような状況になってしまったのか。日本は地震、津波、原発事故、少子高齢化など不安要素はたくさんありますが、実はまだまだ余裕があるという見方をされています。その理由の一つは国民負担率の低さです。

個人所得税、消費税、社会保障、年金積立て、健康保険料などは世界各国と比べると非常に低く、国民負担率（対国民所得比）はわずか四〇・六パーセント。低所得の人はさらに、この負担率が低くなります。一方、ドイツは五二・〇パーセント、フランスは六一・一パーセントですから、日本は消費税を必ず上げるし、健康保険も三割負担にできるだろう。そういう見方があるので、円が買われ続けているのです。

日本は絶対にグローバル化しなければならない

さらに問題なのが、企業の海外生産の進展です。

いまのような円高のほかに、日本は原子力発電の問題もあり、電力供給の不安定さと電力コストの高さがネックになっています。また日本の法人税は約四〇パーセントで、ドイツ約三〇パーセント、韓国約二四パーセント、シンガポール一七パーセントなどと比べても格段と高いのです。日本は個人の負担が少なく、企業からものすごくとるので、力のある企業はどんどん海外へ出ています。その結果、雇用がなくなり、過去一〇年間で一人頭の年収は五〇万円減ったという統計もあります。日本は過去二〇年間をみても、GDPがまったくふえていません。アメリカ、中国など他国は伸びていますから、比較するとGDPが減ったということになるのです。日本人はどんどん低所得になり、結果的に物は売れなくなり、経済は好転しないのです。

今後の日本は外向きになり、外国との結びつきを強めなければ生きていけません。市場規模を考えても、日本国内は少子高齢化ですが、アジアではベトナム、インドネシア、タイなどで人口がどんどん増えています。絶対にグローバル化しなければやっていけないのです。

ところが、日本はまだまだ努力が足りず、いつまでも国内需要だけにとどまっています。時々誤解している人がいるのですが、日本経済は輸出にそれほど依存していません。

GDPに占める輸出の割合をみてみましょう。シンガポールや香港のように、輸出に特化した国は別ですが、韓国は約五五パーセント、ドイツは四七パーセント、中国は三六パーセント。これに対して日本はわずか一七パーセントという低さです。日本は少しでも円高になると大騒ぎをしますが、冷静に考えれば、経済は内需がほとんどなので、実際の影響が出るのはごく一部だけです。

韓国は人口が四〇〇〇万人しかいないので、国内市場は日本の三分の一しかありません。そこで輸出をふやして経済を豊かにしています。また教育も徹底していて、韓国のビジネスマンは英語力が非常に高いのです。というのも卒業資格がTOEIC八〇〇点以上などという大学が珍しくなく、多くの学生が留学を経験しています。翻って、日本の状況はどうでしょうか。わが国は人材育成、教育に手を抜いたことが大きな失敗です。

日本は人口減少といっても、まだ内需の余力があります。この間にできる限りの努力をして、どんどん海外に出てモノを売っていく。たとえば、イタリアなども自国に小さな工場をもっているような会社の社長が中国や日本に出かけて商売をしています。日本の企業もそういう努力をしなければ、やっていけない時代なのです。現在の不景気は少子高齢化によるものなので、景気循環を待っていても状況がよくなることはありません。全体的にスーッと落ちていきますから、これをどこかの時点で止めて、少しでも上向きにもっていく。それができなければ、二〇五〇年には韓国の一人当りの収入が日本の三倍になるという予測もあります。どの国の人も日本を助けてはくれません。私たちが自分自身で、すぐに動くことが重要です。経産省が助けてくれるのを待っていては、とうてい間に合いません。

不景気のときこそ必要な６Ｋ

日本の企業は、ちょっと景気が悪くなると最初にカットする六つの「Ｋ」があります。それはなんだと思いますか？

「交際費」「広告費」「交通費」「教育費」。そして勉強会や講演、ロータリーなど、さまざまな名目での「会費」。さらには「コンサルタントフィー」もズバッと切ります。

以上、六つの「Ｋ」を徹底して削りますが、これらはすべて将来、事業をもっとよくするための投資です。つまり未来へのお金はすべてカットし、後に残るのは終身雇用のためにクビを切れない社員に対する人件費だけです。たしかに人はいるかもしれませんが、まるで手足がもがれたような状況です。交通費カットで出張もなく、交際費がカットで食事もできない。新しい人間関係はつくれず、人とのコミュニケーションもできません。経営が悪いのだから、まさにコンサルタントを入れるときなのに、それもしない。お金が減らないよう、ただじっとしているだけです。すべてを強烈にゼロにするから、大変な閉塞感が生まれてしまうのです。そのうちに悪循環に陥り、人件費すらおぼつかなくなる可能性もあります。

もちろん無駄な出費は必要ありませんが、よく見極めて、慎重に支出する。広告費についても、金余りだから広告を出すのではなく、きちっと効果をねらって、意味のあるお金の使い方をします。全部一律にやらない、というのがダメなのです。教育でも人材育成でも、企業は常に投資していかないと、将来の展望がなくなってしまいます。

それでは今日の日本社会で生きていくために、人は何を指針にしたらいいのでしょうか。私は新たに、六つの「K」を提案します。「志」「コミュニケーション」「協力」「工夫」「行動」「訓練」です。

第一に大切なのは、「志」です。「どうしたら人の役に立つのか、社会の役に立つのか」ということを考え、進んでいきます。

ただし「志」があっても、実際に人の役に立つにはハードルがあります。相手がお金を払ってくれなければ経済成長はできませんから、そのためにも「コミュニケーション」をよくして、それぞれの強みをもった人と「協力」し、「工夫」し、「行動」することが重要です。

そして「行動」のときにはしっかりと実績に直結する「訓練」を行い、戦える人材を育成します。

通常、教育というのは座学の部分が強く、たとえばサッカーの試合を映像でみせながら、ルールを説明したり、ボールの蹴り方を学ばせたりするようなものです。一方、訓練というのは、実際にフィールドに出て試合をさせます。「この状況のときには、こう動け」「こうすれば勝てる」という実践を徹底させるのです。

これを営業研修に置き換えれば、たとえばリーダーが「いま、何を悩んでいますか?」と質問し、訓練生が「なかなかアポがとれません。どうしたらいいですか?」と悩みを相談します。するとリーダーは「私自身はこのような工夫をしています」「こうすればアポがとれます」という具体的な方法を教え、それを訓練生に実行してもらうのです。

ただ情報を与えるだけでなく、いかに成果をあげるかという実践型の「訓練」がぜひとも必要です。日本ではＯＪＴをすればいいと考えがちですが、やりながら覚える程度の教育では世界に対抗できません。自分もみんなも「協力」して「工夫」をし、いろんな意見を聞き、時に議論をしながら、「訓練」していかなければならないのです。そのために必要な経費は、景気の良し悪しにかかわらず必要です。

誰かに頼る時代は終わった

第二次大戦後、日本では七二〇〇万人だった人口が約五〇〇〇万人増え、一億二六〇〇万人になりました。こういう時代には終身雇用・年功序列で、規格品を大量につくる高度成長のシステムが有効だったのはたしかです。

しかし時代は変わりました。人口が減少する社会で終身雇用を守り、年功序列で給料を上げていく方法を採用したら、グローバル経済のなかでは絶対に生き残れません。ですから大企業に就職すれば一生涯、大丈夫だと思っても、その安定が永久に続くとは限らないのです。銀行に入っても、合併統合すれば身分保障が危なくなり、なかには破綻してしまう金融機関が出るかもしれません。超優良企業だった東京電力でも、国有化されて役員報酬は激減し、一般社員の給料も半減する可能性があります。

また外国人労働者の問題もあります。現在、コンビニやスーパー、居酒屋に中国人などの若い人が大勢働いています。これが、あと一〇年もすれば多くの企業の事務部門などに外国人労働者が入ってくるでしょう。看護士もフィリピン人やインドネシア人になります。優秀な若い人材がばりばり働くのですから、事務作業だけをマイペースでやっている女性社員などは不要になってしまうのです。

国をみても、その惨憺たる有様は誰もが知っています。国債残高が一〇〇〇兆円を超え、消費税が二〇パーセントくらいになったら国民の暮らしは大丈夫でしょうか。日本人は「きっとなんとかなる」という雰囲気でのんびり、おっとり構えていますが、しかし実際は「なんともならない」のです。

これらの状況をふまえて考えると、最終的な解決方法は経済活性化しかありません。日本人一人ひとりが頑張って、それぞれに付加価値を上げていくのです。

仮に国民が二〇パーセント、生産性を上げたらどうでしょうか。現在五〇〇兆円のＧＤＰが六〇〇兆円になり、税収もアップしますから、消費税率も低く抑えられるかもしれません。しかもこの二〇パーセントという数字は、十分に実現性があると思えるのです。みんながこれまでやってきたことをふまえ、ちょっとだけ知恵を出し合い、プロジェクトをどんどん実行していきます。より知的な創造性を発揮するような仕事、経験とかノウハウで知恵を発揮するような仕事をやればニーズが高く、給料がアップし、使えるお金も増え、多くの人の役に立つことができるのです。

これまでの日本人は、いつも何かに頼って生きてきました。他人に頼り、地方自治体に頼り、国に頼り、大企業に頼り、アメリカに頼ったのです。そして、ともすると減点主義に陥って、「新しいことはしないほうが無難だ」と考えがちです。会社組織のなかをみると、似たような学歴と能力をもつ人が競り合っていて、なかなか差がつきませんから、何かでしっぽをつかまれ、減点された人が負けなのです。

たとえば私は全国の地方銀行を集めて「フードセレクション」というイベントを実施していますが、もし組織のなかでこのアイデアを実行しようとしたらどうなるでしょう。「そんなことをやって、もしバイヤーが来てくれなかったらどうするのか」「費用を払って参加した出店者の商談がまとまらなかったらどうするのか」「成果があがらなかったらどうするのか、誰が保証するのか」など、山のような反対意見が出るでしょう。本来、すべての新規事業は成功するかどうかはやってみなければわかりません。成功するようによく考え、作戦を立てて行動しますが、神様でもない限り、未来のことは誰にもわからないのです。

しかし、多くの人は「リスクがあるから、やめましょう」といって何もやらない。もし失敗したとき、責任を問われるのが怖いからです。余計なことはせず、無難にやってきた人が点数を減らさず、トップになっていく。それが日本企業の現状です。

しかし日本の現実をみると、幸か不幸か、そのような発想で生き延びられる状況にはありません。時代は変わりました。これからは自分を頼り、自分でやっていく。まさに「新しい日本人の生き方」が始まったのです。日本人は何かあるとすぐ「ああいう人にはなりたくない」という引き算の発想をしますが、今後は「私はこういう人になりたい」というプラス発想でものを考え、目標に向かって進んでいきましょう。また、そういう思考があれば、日本社会をよりよいかたちで維持できるのです。

受け身で待っていてもリスクは必ず訪れます。リスクをとらないで、その場しのぎのことをすればするほど、大きなリスクになって自分に降りかかるのです。このことは、おそらく多くの日本人がぼんやりとでも感じているでしょう。それなら自分から能動的にリスクをとっていったほうがよほどリスクヘッジになります。仕事においても、人生においても、安定という名前の不安定にしがみつかず、どんどん新しいことを始めましょう。一人ひとりが、自分自身で戦略を練り、事業計画をつくり、ブランディングをし、情報発信し、PRをする。与えられるのを待っているのではなく、自分から始めるのです。会社員であったとしても、それぞれが一人の経営者になった気持ちで毎日を生きていく。社会的な使命のために、志を高くもって努力をするのです。

提案力をつけよう

現在は大企業ですら統合されたり、海外資本が入って子会社化されたりする時代です。まさに厳しい変動のときですが、だからこそ中小企業にも大きなチャンスがあります。

お客様の嗜好が変わり、マーケットが変わり、社会環境が変わったとき、企業も間髪入れずについていかなければ生き残れません。重厚長大な大企業にとって不得意な分野で、変化の対応にはどうしても時間がかかるのです。一方、社長の一声で簡単に動くことができる中小企業なら問題はありません。お客様のニーズをもとに、どんどん自分たちの姿を変えていけばよいのです。

ここで重要なのは、自分たちがどう変化すればいいのか、という判断です。よい変化を遂げるためには、まず相手のニーズを知ることが第一歩です。お客様が喜んでくれること、満足してくれることをやれば、必ず活路があります。

そして、このときに求められるのが「提案力」です。

たとえば「これからアジアにもっと進出したい」という企業に対して、「うちは日本国内しか対応できない」というと、そこでお客様との関係は途絶えます。「私たちは日本企業ですが、海外ともこんなネットワークをもっていて、このようなサービスができます」と提案することができれば、先方にも受け入れてもらえるのです。

生き残っていくために、中小企業は次々と「提案」できなければなりません。つまり「提案」とは変化することそのものであり、またよりよい「提案」のためには創造力が欠かせないのです。

かつての日本はアメリカ社会を単純に追随している部分もありました。アメリカで起きたことは、一〇年、二〇年後、日本でも必ず起こるといわれ、日本の未来を知るには、アメリカをみればよかったのです。また日本の産業の姿もシンプルで、アメリカが画期的な新製品をつくったら、それをかみ砕いて実用化し、安価な普及品をつくることが得意でした。

しかし二一世紀の今日、私たちが見本とするような画期的な新製品が生まれる場所はアメリカではありません。世界のどこにも、そのような生産拠点はないのです。日本人は、もう真似するものがなくなってしまいました。そして今度こそ、自分たちが創造力を発揮して、新しいものを生み出さなければならないのです。したがって、いま求められているのは「新しいものを考え出す力」にほかなりません。

それでは、新しいアイデアはどのようにしたら生み出せるのでしょうか。

水槽のなかにいる金魚は、水槽のかたちを知りませんが、外からみる人にとって、水槽のかたちは一目瞭然です。それと同じように、私たちは自分の魅力や長所を自分自身で気づくことは、なかなかできません。ところが周囲の人間は誰もが、その人の魅力も長所も短所も心得ているのです。

新しいアイデア、提案力の源泉は「気づき」にあると思います。その「気づき」は他者との関係のなかで初めて生まれてきます。したがって「気づき」を得るには、自分にとって異質な環境に身を置き、異質な人と交流するとよいのです。

私は先日、カンボジアを旅行しました。入国する前は虐殺と地雷の国というイメージがあったのですが、現地をみるとフランス植民地時代の文化が残り、町並みは美しく、英語ができる人も多いですし、笑顔とホスピタリティーがあふれています。一方の日本はどうでしょうか。カンボジアから帰国後、気をつけてみていると、サービス業の人たちに笑顔がほとんどありません。マニュアルに即した言葉遣いで、機械的に仕事をしている人が少なくないのです。いまの日本には、こんなところが不足しているのではないか。もっとこんなサービスが必要なのではないか。そんな気づきと提案が自然と湧いてきます。カンボジアという異質の場に行ったことで、私のなかが変わり、新しい視点が生まれ、新しいアイデアを見つけやすくなったのです。

いつもと同じ職場、生活環境で、いつもと同じ人と付き合い、変わらない日常を繰り返していては、気づきも発想もむずかしいものです。旅行に行くのもよし、新しい勉強を始めるのもよし、自分なりに新しい環境を見つけて、ぜひ一歩踏み出してみてください。

評価し賞賛する社会を創る

そして、もう一つ大切なことは、自ら考えて行動をしている人たちを評価し、賞賛する社会を創るという発想です。

これまでの日本人は安定度の高い職業を尊敬してきました。公務員、教授、公認会計士など、倒産などがありえない安定した仕事です。一方、ベンチャー企業の社長は職業として、まったく尊敬されません。私自身、銀行を退職して起業したとき、イヤというほど苦労を味わいました。

しかし、銀行員として働いていた頃の私と、リッキービジネスソリューションの社長としての私を比べると、いまのほうがずっと経済的付加価値を生んでいますし、出版や講演活動を通して、社会に対する影響力も高まっています。それでも銀行の先輩から「澁谷君は地域の経済活性化のために地方銀行と組んで、いろいろと新しいことをやっている。そこを高く評価するし、君のような後輩をもって誇りに思う」などと褒めてもらったことは一度もありません。

ベンチャー企業を興すというのは、ある意味、死を超えた価値観のようなものがあります。銀行に担保をとられ、投資をしても回収できないかもしれない。まさに死んでしまうかもしれないのです。命がけでやるという勇気とチャレンジは、もっともっと評価されるべきです。そうしなければ日本で起業しようとする人は増えず、結果的に経済全体にも大きなマイナスになると思います。

勇気と行動力をもち、知名度はなくても優れた人たちを評価するには、私たち自身に実質を見抜く力がなければなりません。有名大学を卒業した、あるいは大企業出身ということを重視するのは、他人の評価を鵜呑みにするようなもので、本人の実質とは一直線にはつながりません。

どういう人が成長するのかをみるとき、重要なキーワードは「謙虚である」ということです。常に謙虚に学び続ける姿勢があるか。人の意見を素直に受け入れ、実践する力があるか。人に喜ばれることをして、いつも感謝の心を忘れない人かどうか。

これらの切り口でみると、その人が将来、成長するかどうかがある程度わかってきます。早い段階から評価し、付き合いを深めておくと、成功した後でも信頼関係を維持できるのです。事業が軌道に乗り、成功をつかみかけた段階で突然声をかけても、相手は警戒心を抱くだけです。

いままでの日本社会には「アメリカがいいと評価したものはいい」という価値基準がありました。アメリカで大評判なら、疑いもなく受け入れていたのです。しかし、日本もここまで成長し、深化し、多様化してきたのですから、そろそろ自分たち自身の価値基準をもってもよい時期です。自分の目でみて、自分の頭で考え、判断する。そういう力をもっともっと伸ばしていかなければなりません。

「自由」に生きて、幸せになる

人の幸せ、人生の幸福とはどんな状態のことだと思いますか？

人によって、さまざまな考え方があると思いますが、私は「夢をもつこと」「学ぶこと」「成長すること」、そして「自由であること」だと思います。

日本人はまじめで勤勉ですから、夢をもち、勉強し、成長するというルートを、きっと各自のやり方で進んでいけると思います。しかし「自由」ということについて、もっと積極的に考える必要があるのではないでしょうか。

たとえば自分のなかに「こういうことがやりたい」という気持ちがあるのに、上司からの命令で一日中、書類のチェックばかりやらされていたら、いったいどんな気分になるでしょうか。経済的に安定していても、生きる意欲が失われてしまいます。もちろんなかには九時から五時までの仕事を生活のためと割り切って、アフターファイブに楽しみを見つける人もいるでしょう。しかし一日のなかで最も活動できる時間帯を仕事に費やすのですから、どんな業務に取り組んでいても、自分ならではの自由な発想で工夫をし、やりがいを高めることができるはずです。

お金や組織、他人に拘束されることなく、好きなように考え、行動する「自由」は、まさに生きるエネルギーの源です。私は年中、出張が多く、週末まで仕事をしていますが、「自由」にやりたいことをやっているので本当に幸せです。もちろん大きな仕事に取りかかると、実現までの苦労は大きいものです。しかし完成したとき、成功したときの喜びは言葉に表せないほどです。辛さも楽しさも喜びもすべてが大きい。生きている実感を日々、感じられるのです。

私も会社を経営しているからには、さまざまな苦労もあるし、心配ごとも絶えません。何かの問題が生じて主催イベントが中止になったらどうしようか、と心配すれば夜も眠れませんし、自分の健康は大丈夫か、新規事業は結果を出せるだろうかなど、いくらでも思い煩い、落ち込むことができるのです。

しかし私は自分の将来を明るく、ポジティブに考えます。未来へ向けての展望があるから、前向きにチャレンジすることができるのです。どんな人でも生きている限り、さまざまな困難に直面するのですから、明るい未来を信じなければ立ち向かうこともできません。どれほど大切にしているものでも失うことがあるし、誰より愛している人でも亡くすことがあります。それはもう考えても仕方のないことです。

こういうとき、私はかねてからお世話になっているテンプスタッフ社長の篠原欣子さんを思い出します。

私が起業を考えていたとき、篠原社長に相談に行きました。「銀行を辞めて、自宅で会社を始めようと思っている」とお話したのです。すると篠原社長はしば

らくじっと黙った後、

「澁谷さん、大事なのは一つのことだけよ。死ぬ気でやるんだったら、絶対に大丈夫だからおやりなさい。死ぬ気でやるつもりがなかったら、銀行にいたほうがいいわよ」

といってくださりました。その言葉を聞いて、私のなかの決意がはっきり固まったのです。もちろん精一杯、命がけでやる。そうすれば、自分は必ずやっていけるという根拠のない自信は、逆境のなかにいる自分を支え、新しいことを始める勇気を与えてくれました。

放っておくと、人の心のなかにはすぐに不安が生じてきます。多くの人はリスクを考え過ぎて、思い煩い、身動きがとれないのです。しかし、それは自分でコントロールしていく。コップに水が半分残っていたら、「半分しかない」と思うより「半分もある」と考えたほうが絶対によいのですから、明るい未来と自分の力を信じて、自由な発想で行動しましょう。

そして心のなかではいつも「私は世のなかに役に立っている」と、自分で自分を力強く肯定します。日本人はすぐ人の目や他人の意見に左右されますが、誰かに褒めてもらわなくても、認めてもらえなくてもいいのです。自分で自分を褒めて、認めるのです。思い切り自画自賛しましょう。自分には生きる価値がちゃんとある。辛くなったとき、その言葉を自分に言い聞かせることで、自分を勇気づけてやりましょう。

実力、影響力のある人と知り合う方法

今後の日本人は世界の人たちと渡り合い、やっていかなければなりません。ですから安定したサラリーマンの身分にいる人でも、機会があれば海外に出て、新しい情報や見識を広げましょう。そのための語学勉強なども、どんどんやるべきです。

また日頃から研修やセミナーなどに参加し、興味のある事柄について積極的に知識を入れていきましょう。読書をするときでも、ただ漫然と読むのではなく、線を引いたり、内容をまとめたりするなど、少しでも自分のものにするよう工夫

してください。今日のように変化のスピードが速い時代は、日々、自分の知識をブラッシュアップする必要がどうしてもあるのです。安定した組織に依存して変化を恐れたり、怠惰になったりすると、確実に取り残されてしまうでしょう。

また人と知り合う機会は、何より大切です。第3章でも詳しく説明しましたが、人付き合いに時間とパワーを投入すること。これはよりよく生きるための基本です。

もちろん大勢の人と名刺を交換すればいいわけではありません。世のなかの人全員がよい人、優しい人ではなく、なかには平気で人を騙す人間もいるのです。ですから誰と会うのか、誰と付き合いを深めていくのかが、あなたの未来を決めていくといっても過言ではありません。私自身を振り返っても、人のご縁で助けられたことが何度もあります。

そんな自分の経験をふまえて、人付き合いで成功し、チャンスをつかむ人というのは、突き詰めれば「好かれる人になる」ということだと思います。

「好かれる人」になるために、四つの基本姿勢があると私は考えています。

1　金銭ではなく、教えを請う人

どんな人であっても、お金を目当てに近づいてくる人物には強い警戒心を抱きます。まして実力があり、社会に影響力をもっている人、優れた会社経営者などの周囲には、金銭を求めて大勢の人間が群がってきます。時には騙される、嘘をつかれるなどの経験をすることもあるので、彼らは自然と猜疑心が強くなり、なかなか心を開きません。いつもたくさんの人間に囲まれていますが、内面はどこか孤独なのです。

そんなとき、お金ではなく、「あなたの考え方は非常にユニークで興味深い。ぜひ詳しく教えてほしい」といって近づいてくる人がいたらどうでしょうか。問いかけられたほうは、何より自分の考え方、生き方を肯定されるので自尊心が高まり、「こういう人なら会って話をしてみたい」と思うのです。

2　自分の考えを広めてくれる人

大きな成功を収めた人、優れた経営者などは、これまでの長い時間、よく働き、よく学び、内面にたくさんの果実を実らせています。そこから得たものを自分だけで楽しむのではなく、世のなかに還元し、少しでも社会貢献をしたいと思っているのです。しばしば年齢を重ねた経営者が教育に興味を示すのは、そういうことを意味しています。

したがって前述した「教えを請う人」にプラスして、自分の考え方を広めてくれる人が現れれば、優れた人たちは興味をもち、好きになるのです。

3　偉い人をおそれない人

自分のなかにしっかりした自尊心がある人なら、相手がどんな地位の人でもおそれません。もちろん対応や話し方は丁重ですが、不必要にへりくだったりせず、相手の目をみて、堂々と話をします。そもそも優れた人物は自らがそういうタイプの人間ですから、自分をおそれず近づいてくる人を好きになるのです。

4　コンプレックスを刺激しない人

どれだけ優れた人、大経営者であっても、必ずなんらかのコンプレックスがあります。

たとえばオーナー経営者の場合、社内では神様のような絶対的存在です。ところが一歩、社外に出ると、まったくの無名です。人に社名をいっても聞き返されるような経験をたくさんしていますから、内と外で大きなギャップを感じ、傷つくことがあるのです。また学歴のないにもかかわらず、一代で大成功を収めた人は、ある一面ではそれが強い誇りになり、また一方で学歴コンプレックスの原因にもなります。

一見、完璧な成功者のようにみえる人でも、それぞれにプライドとコンプレックスがあります。それらをよく理解して接し、特にコンプレックスには触れないこと。それが相手への優しさと思いやりですし、その気持ちは必ず先方にも伝わり、相手から好かれるようになります。

以上四つの条件に加えて、もう一点、知ってほしいことがあります。若い人たちにはぜひ「知恵のある人」になってほしいのです。

「知恵」とは「事に当たって適切に判断し、処置する能力」（『大辞林』）という意味ですが、ここでいう「知恵」とは、相手の話を聞いて理解する力、そして話の内容を「まとめる力」です。

優れた人というのは、話をしながら相手の能力や「知恵」がどの程度のレベルなのかを値踏みしています。まず自分のいったことが、きっちり理解されているのかどうか。相手の頭のなかはわかりませんから、聞き手が「いま、おっしゃったことは、つまりこういうことですね」と正しく要約すると、「ああ、この人は自分のいったことをわかっている」と安心できます。そのうえで、聞き手が適切な質問を投げることができれば、「この人はなかなか知恵のある人だ」と評価が上がります。会話が盛り上がって、互いに共感できる内容が増えていくと、ごく自然と友好関係も深まるのです。

親しくなりたい人、尊敬している人、メンターになってほしい人などと会話をするチャンスがあったら、たった一度の機会でも気を抜かず、集中して話を聞くことを心がけてください。きっとよい人間関係のきっかけづくりになるでしょう。

自分自身をブランディングする

これからの日本社会を生き抜くには、自分自身をブランディングすることが非常に重要です。誰もが同じようにやっている仕事を漫然と続けているだけでは、将来的に生き残っていくことがむずかしいでしょう。過去に成功体験があったとしても、それを繰り返しているだけでは自分のブランドはいずれ古びて、人は振り返らなくなります。たとえばルイ・ヴィトンなどの超有名ブランドでも、常に新しい才能とコラボレーションをして斬新な提案をしているからこそ、ステイタスを維持できるのです。

本書の第3章で私は「自分の強みを見つけて、自尊心を高め、人の役に立つ仕事をしよう」と提案しました。ここでいう「自分の強み」は人や社会の役に立つと同時に、自分自身のブランディングにもなるのです。

自分の強みを見つけたら、ある時期はそこに没頭し、他人の追随を許さないくらいのブランドに育て上げましょう。なりふりかまわず、やりたいことを徹底して追求すれば、きっとあなただけのブランドになります。私自身の話をすると、この一〇年間、地方銀行のネットワークづくりを徹底してやり続けました。その結果、この分野ではおそらく一定のブランドになったと思います。

しかしブランドがかたちになった段階で安心してはいけません。オンリーワン・ブランドを維持するために、常に自分を高める努力が必要です。異質な人に会い、新しい刺激をどんどん受けて貪欲に吸収し、新鮮な提案を出していくのです。私も銀行のネットワークを生かして「地方銀行フードセレクション」をスタートさせましたし、今年は徹底してアジア諸国をまわり、情報収集とネットワークづくりに邁進しています。

尊敬するアフラックの最高顧問・大竹美喜さんは、これからの日本社会で活躍する人材をみるとき、「三つの実」が重要だとおっしゃっていました。三つの実とは「実力」と「実績」と「実質」のことで、これは自己ブランディングとも深いかかわりがあります。

自分をブランディングするとき、まず「実力」がなければ始まりません。同時に重要なのが「実績」です。自分はこういう成果を出した、こういう事業を成し遂げたという「実績」ほど、説得力のあるブランドはありません。

そして「実質」はまさにその人そのもののあり方ですから、ブランドの本質ということができます。

まず自分自身が高い志をもち、人に喜んでもらえるよう愛情をもって接し、与え、指導する。これを続けていけば確実に「実質」が育ち、人間的にも豊かになります。すると自分の小さな自我にとらわれることなく、人とのかかわりの世界をより豊かに生きていけるのではないでしょうか。

私が尊敬するイトーヨーカ堂の創業者である伊藤雅俊名誉会長は、「人のために何ができるか考えること――それが〝志〟である」という趣旨の言葉を語られています。

相手のことを考え、人のため、社会のために何ができるかを志向する。そのような高い志を掲げていれば信頼され、自然と身のまわりに新しい仲間・人脈と情報が集まり、好循環が生まれます。「あの人に頼めば大丈夫」「あの人と付き合いたい」「友達になりたい」「指導してもらいたい」と思われる。これは、すなわち最強の「自分ブランド」をつくりあげたということなのです。

そして一〇人中、六人の人に「あの人はすごいね」といってもらえるようになれば、自分自身のブランディングがほぼ成功したということになります。たとえ一〇人中、二、三人が悪口をいったとしても、六人の人間がかばってくれますから、自然と悪口はやむのです。一〇人中、三人くらいしか味方がいない場合は、さらに志を高めて努力していきましょう。それが自分のブランドづくりということになるのです。

第5章

人生の基礎力をアップしよう

この章では、私たちの人生の基礎力をアップするさまざまな要素を取り上げます。これらは簡単なノウハウではなく、よりよく生きる方法、そして周囲の人から信頼され、自分の世界をより広げてくれる方法です。一見、ごく基本的な事柄ですが、きちんと実践している人といい加減にしている人では、大きな差が出てきます。これらをしっかり受けとめ、日々の仕事はもちろん、プライベートでも実践していただきたいと思います。必ず、これまでとは違う「自分」へと成長していくでしょう。

嘘をつかない

嘘をつかない。まるで子どもをしつけるときの言葉のようですが、社会人の基本的心構えとして、これほど重要なことはありません。実際、多くの大人は平気で嘘をつき、それが発覚して、失敗することが少なくありません。もちろん犯罪的な嘘をつくようなことはないでしょうが、「これくらいはいいだろう」と思い、気軽に小さな嘘をつくことはありませんか。実は、その小さな嘘の積み重ねが、その人の存在を傷つけてしまうのです。

小さな嘘というのは、たまたま何かのきっかけで自分が心苦しい場に置かれ、そこから逃れるための「言い逃れ」のようなものです。

たとえば、その日の業務が終わり、上司から「軽く食事でもしていこう」と誘われたとします。あなたは同僚と約束していたので断りたかったのですが、とっさに真実をいえませんでした。そこで嘘をついてしまいます。

「少し残業をして資料をまとめてから帰りたいので、今日は失礼します」

上司は納得して先に帰りました。ところがビルの外に出て、少し歩いてから忘れ物に気がつきました。慌てて職場に戻ったところ、残業をしているはずの部下がいないのです。部下はすでに同僚と一緒に帰った後でした。

上司にとって、この経験は小さなようで大きな痛手でした。自分で声をかけて誘うというのは心の動きが伴う行為です。断られるのは仕方がないかもしれませんが、嘘をついてまで拒否されると腹が立ち、「もう、この部下は二度と誘わない」と思うでしょう。互いの信頼感も醸成されず、仕事の面でも損をするのは嘘をついた部下なのです。

嘘をついた人は、大した悪気もなくいったのでしょうし、自分が嘘をついたことも忘れてしまいます。しかし嘘は何かのきっかけで、しばしば露見するものです。そして嘘をつかれた側の人間は決してその出来事を忘れません。その場を取り繕うような「ささいな嘘」「言い訳のような嘘」であっても、その行動は周囲の人間に対して、大きなマイナスイメージを残すのです。

遅刻でも早退でも、あるいはどんな都合の悪いことでも、基本的な解決方法は一つしかありません。真実を正直にいうことです。これは社会人として仕事をするうえで、何より重要だということを理解し、必ず実践してほしいと思います。そして、どんな小さなことでも絶対に嘘をつかないと決め、それをまっすぐに実践すると、自分が思いがけなく変わっていることに気づくと思います。苦しくても、都合が悪くても、情けなくても真実を語り、正面から対処することで、周囲の人はあなたの言葉を信用し、仲間と強い信頼関係が結ばれていくのです。

人の悪口をいわない

「嘘をつかない」のと同様に重要なのが「人の悪口をいわない」ということです。

悪口をいう本人にすれば、ちょっとしたストレス解消かもしれません。しかし人と人との関係にネガティブな影響を与え、場合によっては人の気持ちを傷つける可能性もあります。ところが小さな嘘と同様、悪口を不用意にいう人が多いのは、とても残念です。

たとえばAさんが尊敬し、信頼しているBさんのことをCさんが悪くいったとします。CさんはAさんの気持ちを知らなかったので、平気で悪口をいってしまったのですが、聞かされたAさんはイヤな気分がするでしょう。その結果、AさんはCさんをあまりよく思わなくなるのです。その一言のせいで、これまでの円滑なコミュニケーションが壊れてしまう。それが悪口の恐ろしいところです。広いようにみえて、世間は思いがけないところで人と人とのご縁がつながっています。「Cさんはあの人の悪口をいっていた」というような話はすぐに広まると考えたほうがいいのです。

ビジネスの場でも、悪口は御法度です。お客様との雑談のなかで、「うちの会社はこんなところがよくない」「部長は変わり者で……」「うちはノルマが大変だ」など半分、愚痴めいた悪口を漏らす人がいます。しゃべっている本人はさほど悪気もないのでしょうが、聞かされたお客様はどう思うでしょうか。「この会社の内部はどうなっているのか。このまま取引していて大丈夫だろうか」など、不要な心配をさせてしまいます。

悪口のかわりに、もっとポジティブな褒め言葉をいってみたらどうでしょうか。「私がいうのもなんですが、うちの上司はとても信頼の置ける人で……」という話がポロッと出てきたら、その会社への印象はグッとアップします。「そんなよい上司がいるなら、職場の雰囲気もよいだろうし、結果の出る仕事をしてくれるだろう」とお客様が感じてくれるのです。言葉の使い方というのは、わずかな違いで結果を大きく左右するということを忘れないでください。

オンでもオフでも、どんな場面で誰を相手にしても、「決して悪口はいわない」

と決めましょう。嘘をつかないのと同様、この決心を徹底させれば、必ず自分の周囲の人間関係がスムーズになります。誰にでもできる簡単なことですから、日頃の自分の「話の内容」を振り返って、よく注意しておきます。

もちろん人間ですから、人間関係のストレスがたまって、たまには思い切り悪口をいいたくなる日もあるでしょう。そういう気分のときは家に帰って、家族や配偶者に好きなだけいうのです。身内に話している分には世間に広まることはありません。

貸し借りを忘れない

私が日頃、お付き合いさせていただいている優れた経営者の方々は、みな「貸し借り」を大切にします。

たとえばお中元、お歳暮などを差し上げると、すぐさま自筆のサインが入った丁重な礼状が届きますし、何かの折には必ずお返しをいただきます。私が著書をお送りすれば、多忙ななか、本を読み、その感想を送ってくれます。何かをしてもらったことに関して決して忙しさを言い訳にせず、こちら側の気持ちに答えてくれるのです。

したがって、私も経営者から物をいただくと、きちんと礼を尽くします。資料などを送られたときも、素早く、しかるべき対応をします。経営者はものを贈ったり、資料を渡したりするなどの行動を通じて、相手がどのような反応を返すのかをみているのです。そして、この人と付き合ってよいものかどうかを判断する材料にします。

このことは日常の人間関係でもまったく同様です。たとえば友人に旅先からお菓子を贈ったとします。相手の好みを考えて、よく吟味したつもりだったのに、友人からは何の連絡もなく、お菓子の感想ももらえませんでした。贈った側とすれば、好意をないがしろにされたと感じ、今後のお付き合いは疎遠になってしまうでしょう。

お金は借りた人より貸した人が覚えているように、「何かをした人」のほうが、「何かをしてもらった人」より、そのことをよく覚えています。これは物のやりとりに限りません。

あなたが営業マンで、営業先の社長に「あの本を読むと勉強になるよ」といわれ、すぐにその本を買い求め、読後の感想をサッと送ったとします。すると相手にすれば「この人は私の話をきちんと聞いてくれるうえ、とても誠実な人柄だ」と思ってもらえるのです。

また「貸し借り」というのは、人と人の間に気持ちの流れをつくる力があります。

たとえば私がAさんという経営者にビジネスマッチングの相手をご紹介し、それが非常にうまくいき、よい商売ができたとします。Aさんはとても感謝してくれましたし、私はAさんに一つ貸しをつくったことになります。Aさんは恩義に厚い、たしかな人ですから、何かの折にこの貸しを必ず返してくれます。今度は私の仕事に関係するキーパーソンを紹介してくれるかもしれませんし、仕事のチャンスをくれるかもしれません。

私は以前、能力開発や適性検査を行う会社の社長にこんな質問をしたことがあります。

「会社を創業して大きく発展させる経営者とは、どのような人なのでしょうか」

その社長はこんな風に答えてくれました。

「一つの見方として、大きく会社を発展させる人というのは、人の間の貸し借りを流暢に使いこなす人だと思います。いろいろなところに、うまい具合に貸しや借りをつくってあって、それがいいタイミングで発動して会社の発展を助けるのです」

人は一人では生きていけず、何かの機会に助けたり、助けられたりしながら成長していきます。近年、ともすると人付き合いを煩わしく感じて、いい加減にあしらっている人が増えてきているようですが、これでは「貸し借り」の残高はふえません。豊かなご縁に恵まれるためにも、まずは「貸し」をつくるところから始めるのがいいと思います。

人は見た目も大切

人は見た目が九割ともいわれます。内面がどれだけ優れ、知恵や能力のある人でも、だらしのない服装やぼさぼさの髪型など、外見があまりにひどければ、なかなか他人に受け入れてもらえません。

また人は成長する過程で、最初に見た目、外見が整い、後から内面の豊かさが追いついてきます。もちろん内面も外面も立派であることが望ましいのですが、若いうちは外面、つまり外からみえる自分自身を磨くことも重要です。他人の目からみた自分を想定し、ＴＰＯにあった身だしなみを心がけましょう。ビジネスマンならきちんとしたスーツに靴、鞄が大切なアイテムです。

また姿勢、目つき、話し方、笑い方、手振りなどの立ち居振舞いも、相手に強い印象を残します。視線は不用意に動かさず、笑顔を絶やさず、まっすぐに背を伸ばし、エネルギーにあふれた若さをアピールしましょう。周囲から「元気のいいやつだ」と思われるくらいがちょうどいいのです。

営業などの仕事の場であっても、見た目を気にする気持ちは恋愛のときと同様です。最初のデートでだらしない姿をしていたら、もう次にいくら花をもっていっても、女性は受け入れてくれないでしょう。初めてのお客様に会うとき、大事なプレゼンのとき、いつでも見た目を大切にしてください。

そして外見がしっかりと整ったら、残りの一割は内面の輝きですから、能力向上を目指して頑張っていきましょう。

横着は今日からやめる

あなたの不在中に何本か電話が入り、デスクに四、五件のメッセージが残っていました。あなたなら、どういう順番で処理していきますか？

一番多いのが「処理しやすいものを先に片づける」というパターンです。気軽に電話をかけられる相手に電話をし、用件を片づけていくと、最後には一番連絡をしたくない相手が残ります。たとえばクレーム処理のようなむずかしい案件は最後まで手をつけず、気がついたら終業時間が迫っています。「もうこんな時間だから」と言い訳をして、その日のうちに電話ができず、翌日にしようと思っているうちに先延ばしになり、だんだん電話ができなくなります。そして数日後、先方から「なぜコールバックが来ないのか」という怒りの電話が入るのです。こうなるとクレーム処理が一段とむずかしくなるのはいうまでもありません。

電話処理に限らず、仕事というものは一番大変だと思う用件から、一番最初に手をつけましょう。最も苦手な相手こそ、朝一番に電話をかけ、上司に報告しづらい案件こそ、いの一番に報告するのです。先送りするほどプレッシャーが高まり、仕事の効率が下がります。そして問題そのものが、どんどん大きくなるのです。

しかし職場のようすをみていると、常に大変なことを先送りする人が多いのに気がつきます。サッと手をつければ早く片付くのにやらないというのはなぜなのか。そこには「横着」という心理が働いているからです。「いまはちょっと面倒くさい。また後でやればいい」という怠惰で横着な気持ちが蔓延しているのです。

この心理を乗り越えるのは、とても簡単です。「今日から横着をやめる」と決めて、朝から徹底して仕事をしましょう。「エイッ！」と気合いを入れ、朝一番にイヤなことを片づけると、終日スッキリした気分になります。これは一度やれば、すぐに体感しますから、ぜひ習慣づけてください。こんな簡単なことで、あなたは「仕事のできる人」になれるのです。

「素直な人」が伸びる

また「横着」はしばしば「言い訳」にも使われています。たとえば仕事で期待された結果が出なかったとき、次のような言い訳がよく耳に入ってきます。

「夜遅くまで、こんなにやってるんだ。僕は頑張って、精一杯やっている！」ひたすら自分の頑張りを強弁し、成果の不出来について反省の弁は一つもありません。すると周囲の人間も「あの人は頑張っているんだな」と納得してしまい、なんとなく認められてしまうこともあります。

しかし客観的にみたら、彼は長時間労働をしているにもかかわらず成果が出ない。つまり生産性がひどく低いのです。成果を問われたら立場がまずくなるので、「頑張っている」と言い募って責任を回避しようとしています。これはまさに「横着」の典型例です。

「忙しくて勉強できない」「本を読む時間もない」というのも、よくある「横着」の言い訳事例です。仕事のできる人は忙しいときこそ本を読むし、勉強もします。夜は一一時頃に寝て、朝四時に起きてみてください。二時間は自分の時間がとれるはずです。

仕事をするからには成果を求められますし、だからこそ人は成長していきます。いまのやり方では十分な成果が出ないと思ったら「横着」をやめ、素直になって、自分の欠点を探してみましょう。社会はハイスピードで変わり、仕事を仕事をめぐる環境もどんどん変化します。長年親しんだ自分のやり方に執着せず、新しい方法論を取り入れ、成果につなげなければなりません。

日本人は人の批判にさらされる経験が乏しく、何かいわれるとカッとなって反発する人も多いのです。たとえば人から文章の誤字脱字を指摘されたとき、「あなただって、よく間違えるじゃないですか」などと心のなかで反抗したことはありませんか？　しかし、この「あなただって」と思った時点で心のなかにアドバイスが入らず、成長のチャンスを逃しているのです。厳しい意見でも真摯に受け止め、自分をよい方向へと修正していく必要があります。

私は銀行に勤めていた頃、たくさんの若手と一緒に働いてきました。起業してからは人を雇い、育てていくという仕事をしています。その経験を通じて「誰が伸びて、誰が伸びないか」を見極めることができるようになりました。端的にいうと、伸びるのは「素直な人」です。伸びないのは「頑固な人」です。成長する人は変化を怖がらず、「横着」をせず、自分の癖や弱みを指摘されたとき、「成長のチャンスをもらった」と感謝し、スッと素直に受けとめてコツコツと努力する人です。

どうぞみなさんも日々、自分を変えていきましょう。そうすれば必ず結果もついてくるようになります。

「心の障壁」を捨てる

前述した「横着」にもかかわってきますが、私たちが思ったとおりの成果をあげられない原因の一つに「心の障壁」があります。何かの決断をするとき、私たちは心のどこかで「自分には、どうせできっこない」「こんなことをやってはいけないのではないか？」という心理的ブレーキをかける癖があります。他人の目や世間体を気にして、行動を縛り、わざわざ自分の成長を阻んでしまうのです。

たとえば私の身近で見聞きした、ある銀行の営業マンの事例をあげてみます。

新規のアプローチ先と交渉をしていた若手営業マンは、社長と数回の面談もすんでいるのに、いまだに決算書を提示してもらえず、融資の話が進みません。決算書をもらえないのは、社長が出し渋っているからではありません。担当者が「決算書をください」の一言をいえなかったのです。決算書は会社の経営状態がすべてわかる書類ですから、その提出を要求することが社長の気に障ると思い込み、それが「心の障壁」になっていました。

しかし決算書を銀行にみせるということは、不名誉でもなんでもありません。業績や財務内容のよい企業にとって、決算書はオール5の成績表のようなもので、頼まれればいつでも喜んでみせてくれるでしょう。逆に決算書を出し渋る企業の場合、財務内容がよくないのかも知れません。そこを判断するためにも決算書はぜひとも必要です。「決算書の提出は銀行側が申し訳なさそうに頼むこと」という思い込みが、若手営業マンの心を縛っていました。頭のなかでネガティブな想像をして「心の障壁」をつくり、一人で思い悩むというのは時間の無駄ですし、本人の成長を抑制し、全体にとっても不利益なのです。

「こんなことをしたら、きっと失敗して恥をかく」

「自分には、こんなむずかしいことはできないだろう」

「こんなことをいっても、相手には受け入れてもらえないだろう」

等々、何事かを実行する前に、思い悩んだ経験は誰でもあると思います。考えるほど実現はむずかしく感じて、結局は何もせずに終わる。誰に指摘されたわけでもなく、自分で「心の障壁」をつくり、自分の行動を抑制しているのです。

何かやりたいことがあれば、できるだけすみやかに実践すればよいのです。突然、大きなことはできなくても、目標に向かって小さな一歩を踏み出すことは決してむずかしくありません。判断に迷ったら信頼できる先輩に相談して決めるのもよいと思います。それを、どこかで躊躇し、「ダメな理由」を頭のなかで考え出しては先延ばしにします。「自分が勝手なことをやったら人に迷惑がかかる」など、一見もっともらしい理由に聞こえますが、よく考えてみると、それは単なる言い訳にすぎません。

勇気を出して動いたら「積極的で実行力のある人だ」という評価をもらえるでしょうし、たとえ失敗して成果が出なくても、そこからすばらしい経験を得ることができます。しかし多くの人はそれをせず、「心の障壁」の前に佇んでいるだけです。乗り越えようという気持ちの強さがないばかりに本来の能力を発揮することもなく、社会に貢献することもできません。これは自分の力が不足しているからではなく、「行動しない」ことを選んで自分を甘やかし、「横着」をしていると言い換えることもできます。

しかし本書を読んでいる方は、一歩でも進化したい、自分らしい生き方をしたいと考えているタイプの人だと思います。「心の障壁」はいつの頃からか自分のなかに住みついた一種の癖のように自分に同化していますから、そこを自覚し、少しずつ自分を縛る気持ちを解いていってください。小さな心の変化は、今日のあなたを確実に変え、日が経つごとにはっきりした違いが現れてきます。

毎日の生活で活用している能力は、その人が本来もっている潜在能力のわずか数パーセントだといわれています。「心の障壁」を少しでも取り去って潜在能力をより開花させ、人として大きく成長してほしいと思います。

目標を設定して自分を育てる

人には「潜在意識」があり、無意識のうちに身辺の情報を取捨選択しています。たとえば自分に子どもが生まれると、これまでほとんど気にも留めていなかった子ども連れの家族が目に留まるようになり、素通りしていた子ども用品の店の存在に気がついたりします。私自身のことを振り返っても、経営者になってはじめて気がついたことがたくさんあります。人は物事が実際に自分の身に起きてはじめて「潜在意識」が作動し、いつの間にか気づきがふえ、それに伴って知識も増加します。

この「潜在意識」の作用を利用して、自分自身を成長させることができます。

たとえば、あなたが講演会やセミナーで話をする機会をもらったとします。「来月、セミナーで話をする」と決めた途端、自分のなかの意識が圧倒的に変化していることに気づくでしょう。テレビをみていても、新聞を読んでいても、何をしていても頭のどこかで常にセミナーのことを考えています。「どんな話をすれば、みなさんに喜んでもらえるか」と考えると、アイデアが続々と湧いてきますし、情報収集のスピードがアップし、目的をもって勉強できます。常に受験や資格試験の準備をしているような感覚で「学ぶこと」について、はっきりした意識と手応えがあるのです。そして、その行動のすべてを通して、自分が成長していきます。

時々、自分の「潜在意識」を活性化させるため、これまでのルーティーンワークから外れた、新しい挑戦をすることは非常に有効です。人から質問をされるような場に出てみると、必ずなんらかの発見があると思います。また自分の目標となる人を見つけたり、「こうなりたい」と思う将来の目標を、より鮮明なビジュアルイメージでもったりすると、より現実的、具体的なものになり、「潜在意識」を刺激します。その結果、目標に向かって自分を変えていきたいと自然に思えるのです。

そして私はぜひ、みなさんに「社会に貢献する」という目標を設定してほしいと考えています。あなたは社会に貢献しているでしょうか？　人の役に立っているでしょうか？　自覚がない人もたくさんいると思います。しかし、いったん「私は社会に貢献する」と決めた瞬間、人生は変わります。自分の日々の仕事を振り返り、自分は何をやっているのだろうか、何ができるのだろうかと思考をめぐらせることができるのです。「あなたの社会貢献について、考えたことを一カ月後に発表してください」といわれたらどうですか？　〆切の日を意識しながら、懸命に考えるのではないでしょうか。

そしていったん「潜在意識」が機能し始めたら、「横着」や「心の障壁」はすべて捨てて、迷わず邁進しましょう。それが自分の可能性を育て、人生を有意義に生きていく大切な方法なのです。

イメージの力を利用しよう

前述の「潜在意識」の力を、もう少し違う視点からみてみましょう。

人間の脳は、自分の頭のなかで想像したことと、実際にみたことの区別はつきません。クリアにイメージした事象は、脳にとっては実際に起こったことと変わらないのです。

たとえば私は毎月、たくさんの講演をしていますが、何度経験しても人前で話をするときは緊張します。ですから本番前、控え室などで一人の時間をつくり、イメージをしっかりともつようにしています。まず会場に入り、演壇に立つ自分。司会の人が私の略歴を紹介し、続いて私はマイクを握ってゆったりと、堂々と話を始めます。会場の方々は熱心に耳を傾け、メモをとっています――。そんなビジュアルをクリアに描くと、緊張感がスッと抜け、リラックスした気分で講演に臨めるのです。もし緊張したイメージをもって人前に立てば、しどろもどろの話しかできないに違いありません。

また仕事柄、銀行頭取や企業経営者などのＶＩＰと面談をすることもあります。当然、緊張する場面ですが、そこでもイメージを活用します。私は相手の人と親しげに言葉を交わし、お互いに好意をもっています。そして「私たちは友達なのだ」と思うのです。このイメージをカチッともっていけば、面談はリラックスした雰囲気で必ず成功します。もし私が「何か変なことをいって、怒られたらどうしよう」と心配していたら、面談はきっと失敗するでしょう。人は思ったとおり、想像したとおりの自分になるのです。

仕事を発展させたいときにも、この「潜在意識」を上手に使うとパワーを発揮します。

私は起業したとき、いつかきっと、すばらしい眺めのオフィスで仕事をしようと決めていました。そのときのイメージは、ニューヨークで仕事をしていた頃にみたオフィスからの光景です。マンハッタン島とハドソン川の雄大な姿が眼下に広がり、遠方には自由の女神がそびえ立っています。こんな風景が窓の外にあったら――。そうイメージし続け、現在は皇居の森を広々と眺める丸の内のビルにオフィスを構えています。

自分のなかで何か目標をもったとき、「この目標に向かって頑張ろう」というかたちで進むのではなく、「すでにこの目標は達成した」という視点からイメージをつくるのです。そして「そのためには何をしたのだろうか」と過去を振り返るように、自分の行動を決定していきます。すると「結果」はすでに出ているのですから、必ず実践できますし、イメージどおりの成果が出るのです。

近年は「アファメーション」（自分の目標を「私」を主語にして肯定的文章に書き、モチベーションを上げる方法）についても広く知られるようになりました。私自身はおもにビジュアルイメージを強く抱くタイプなので、「アファメーション」を書いて、毎日眺めるというようなことはしません。しかしこの方法を自分流に使いこなせれば、効果が大きいのではないでしょうか。

女性たちへのアドバイス

いまはどの業種のどんな職場でも大勢の女性たちが働き、それぞれ成果をあげています。私の会社にも優秀な女性たちが立派な仕事をしてくれて、いつも頼りにしています。

仕事に対して、まじめで熱心な女性たちですが、一方で私は常々「惜しいな」と思っていることがあります。それは多くの女性たちの心のあり方についてです。彼女たちは能力があるにもかかわらず、それが行動力につながりません。何かを始める以前に思い煩うことが多く、非常に心配性で怖がりだからです。女性は男性とは恐怖に対する感性がまったく異なり、身を守ることに敏感で、夜道を歩いていても周囲を観察し、常に警戒しています。日常生活のなかで細々と心配することが多いので、自然とそういう心情になってしまうのかもしれません。それに対しては理解できるのですが、ぜひ仕事の場面では一歩踏み出してほしいと思うのです。

女性の多くは周囲の誰かがつくったプランに乗って、そつなく仕事ができます。しかし、なかなか自分から企画を立て、人をまとめて実践するということができない。「うまくいかなかったらどうしよう」「みんなが賛同してくれなかったら……」「出すぎたことをしてはまずいのでは」など、深く思い煩っているうちにチャンスを逃すのです。また何かを実践しようとしても、人の意見に左右されることが多く、目移りして、一度決めたことを翻すことも少なくありません。すると一環した態度をとれなくなり、周囲からの信頼を得られなくなります。

行動して失敗したとしても、必ず得るものがありますが、行動しなければ収穫はゼロです。女性にはもっともっと成長してほしいので、「思い煩う」という「心の障壁」をぜひ取り去ってみてください。正しい志をもった行動なら、必ずサポーターが現れて助けてくれますし、自ら何かを始めるという経験をすると、実力がグッとアップします。

特にこれからの日本社会では、女性の「共感する」という能力が有利に生きてきます。少子高齢化の時代に日本人は介護、年金、孤独などのさまざまな悩みを抱えていますが、そういう人たちの心にぴたりと寄り添えるのは女性です。たとえば二〇代の女性が六三歳の人の心配事を聞き、あたかも自分が六三歳になったかのように共感できるのです。これが二〇代男性だと、表面的な理解しかできないことが多いのです。

お客様や地域の課題を発見し、解決できる人として女性はますます求められています。自分にもっと自信をもち、心配性になり過ぎず、思ったとおりの道を堂々と進んでいってほしいと思います。

始めたことは長く続ける

これはいいことだと思って、何かをスタートさせたら、ぜひしつこく追いかけ続けてみましょう。多くの人は「いい話を聞いた」「参考になった」と思っても、その場で終わってしまい、せっかくの成長のきっかけが途絶えてしまいがちです。何かを本当にものにしよう、実行しようと思ったら、ある程度の期間、根気よくやり続けなければ成果になりません。

それは人との関係でも同様です。

第3章の「相手の信頼を勝ち得る方法」で、メンターになってほしい人がいたら、講演会でもどこでも、とことん食らいついていくという話をしました。そこで相手との関係ができたら、五年でも一〇年でも長く付き合っていくという感覚が重要です。私自身、アフラックの最高顧問・大竹美喜さんとのお付き合いは、もう一〇年になります。私のなかには、最初に出会ったときの熱い気持ちがいまも存在していますし、だからこそ大竹さんも私をかわいがってくれます。私が何か相談すれば、真剣に答えてくれますし、よいアドバイスもいただけるのです。やはり本物の信頼関係をつくるには、長い時間が必要で、何事も一朝一夕では始まりません。

ところが、せっかくつながり始めた人と人との絆を簡単にスパッと切ってしまう人がいるのは残念です。せっかくよい出会いがあり、「あの人はいい人だ。信頼できる」と思って付き合いを始めたのに、何かのきっかけで「こんなはずではなかった。期待していたのにがっかりだ」と思い、関係を一気に終わりにしてしまう。つまり人間に白黒をつけすぎてしまうのです。

しかし現実の人間というのは、決して白や黒だけではありません。二色の間にはグレーの部分が大きく横たわっていて、良いところもあれば悪いところもあるというのが人間の姿です。それらを受け入れて、はじめて本当の信頼関係が成り立つのです。相手のなかに気に入らない場所を見つけて、「黒」と判定し、「もう付き合いはやめる」と決定するのは、ある種、潔癖ではありますが、傲慢でもあります。「自分の考えは正しい、やっていることは正しい」と思い込み過ぎていないか、相手に対して期待値が高過ぎたのではないかなど、自らを振り返ることも大切です。

「自分はまだまだ未熟だ。もっと教えてもらわなければ」という気持ちを、いつまでももち続けたいと思います。

肯定の否定

私たちは人に何かを話すとき、聞き手の反応によって、ついたくさんしゃべってしまうこともあれば、会話が続かなくなることもあります。

会話が途切れるのは、相づちが「否定」になっているときです。たとえば自分が何かについての考え方を語ったり、「私はこう思うんです」と話した先から「僕はそうは思わない」「ちょっと違うんじゃないですか」など、次々に否定されたりしたら、どう感じるでしょう。話し手は二の句が継げず、この人に何をいっても受け入れてもらえないのだろうと感じて、積極的な会話を諦めてしまうのです。場合によっては、反感さえ感じてしまうかもしれません。

人の話を聞くとき、まずはどんな内容でも肯定的に受け止めましょう。「ああ、そうですね。なるほど。ユニークでよい考え方ですね」など、最初は徹底して肯定し、受けとめるのです。

その次の段階で、必要に応じて否定的な会話をもってきます。「その考え方はとてもすばらしいと思います。ただ、こんな視点でみてみると、違う発想もできますね」など、批判的なコメントが後から出てくれば、いわれた側もあなたの意見を素直に聞くことができるのです。肯定のワンステップが非常に大きな意味をもっています。

私はこの心理的な流れを「肯定の否定」と呼び、自分のなかでしっかりと消化するよう心がけています。どれだけ正論でも頭ごなしに押しつけられたら、悪い気分がするのは当然のことだからです。

頭の回転の速い人ほど、この肯定部分を飛ばして「否定」から入りがちです。

まず相手の話をしっかり聞き、受け入れてから自分の意見をいうこと。寛容と謙虚な気持ちを忘れないでいたいものです。

自分の心に嘘をつかない

人が喜ぶことをすれば自分自身も幸せになりますし、人に親切にすることも大切です。まさに本書における基本的な考え方だといえるでしょう。

ただし、ここに一つ、注意すべきことを付け加えておきたいと思います。

本書では「人が喜ぶことをやろう」と提案していますが、非常にサービス精神が旺盛な人の場合、ともすると行動が行きすぎてしまうきらいがあります。自分自身の気持ちに反しても、相手が喜ぶことをしようと努力してしまうのです。

たとえば仕事などで忙しいさなか、友人に「今度の週末、ホームパーティーをするから来てください」と誘われたらどうでしょうか。自分が出席すれば、きっと友達は喜んでくれます。しかしデスクにはやり残したレポートがたくさん残っているので、そちらに集中したい気持ちがあり、本心では出席したくありません。断るのは申し訳ないし、いったいどうしたらいいだろうと思い悩むのです。

こういうとき、「忠恕（ちゅうじょ）」という言葉を思い出していただきたいと思います。

孔子の教えを記した論語のなかに「忠恕」という言葉があります。忠とは人間が本来もっている真心、恕とは思いやりの心を意味し、「自分の良心に忠実であることと、他人に対する思いやりが深いこと」を意味しています。

相手に喜んでほしいけれど、自分のなかに迷いがあるなら、まず自分の心に声にしっかりと耳を傾けましょう。自分に嘘をついてまで、「相手を喜ばせよう」と頑張る必要はないのです。仮に無理をしてホームパーティーに出かけても、あなたが心から楽しんでいないようすが伝わってしまうかもしれませんし、それでは結果的に相手の心を傷つけます。

相手の気持ちも大切ですが、自分の心のありようを素直に受けとめ、忠実でいることがとても重要です。必要があれば、自分の思うことをスッと伝えてしまってもかまわないのです。自分の気持ちを飾らず、素直にいえば、真心が通じますから、相手も幸せな気持ちになります。

もちろん誘いなどを断るときには、それなりの言い方がありますから、状況に応じて言葉を選びましょう。

若い人たちへの期待

いま、アジアを旅すると、そのエネルギッシュな社会に圧倒されます。若い人たちが多いという人口構成の影響もあるのかもしれませんが、将来に対する期待度が非常に高いのです。実際、「以前はもてなかった車がもてるようになった」「海外旅行に行けるようになった」など、暮らしが日々、よくなっているという実感もあるし、ビジネスチャンスもあって、多くの人が明るい未来を脳裏に描いています。もっと幸せになれると確信しているから、一生懸命に仕事ができるのです。

一方、日本はどうでしょうか。巨額の公的債務、上がっていく消費税、高齢化、医療や福祉の負担など、将来への不安が強く、気持ちがどんどん縮んでいきます。若者の間でも雇用不安があり、正社員になれない、給料も上がらないという状況で、年金も信頼できないとなると、出費は控えようという気持ちになるのも無理はありません。

とはいえ、アジア諸国に比べて、日本はまだまだ経済大国です。たとえば新潟県のGDPの規模はベトナム一国分くらいあります。少子化・人口減少といっても、日本はまだまだ人口が多く、よい提案をすれば、それだけリターンのある魅力的な市場です。あまり悲観しすぎる必要はありません。

成熟した日本社会ですが、優良企業、元気のある企業は多いですし、自分たちで想像力を発揮して、どんどん新しいものを提案していけば、それを買ってくれる潜在的なお客様はたくさんいます。アイデアもなく、同じものをつくり続けるだけではダメなのです。

若い人は、ぜひ自分の強みを見つけて、もっともっと勉強してください。留学するもよし、海外で働くのもよい経験になります。地方に住んでいるなら、インターネットを活用した起業をするのもよいでしょう。将来、楽ができるようにと大企業や官公庁への就職を目指して汲々とするのでなく、あえてむずかしいことにチャレンジし、大きなリターンを得てほしいのです。そこには必ずチャンスがあります。

弱いもの同士がもたれあっても、相手に救いを求めるばかりの「もたれあい社会」になり、将来に明るい展望は描けません。これからは互いに自分の強みを出しあって、苦しいこと、むずかしいことも一生懸命にやり、日本を「助け合う社会」にしていきましょう。

一日一日を精一杯に生きる

先日、あるラジオ番組にゲストとして呼ばれ、「澁谷さんの夢を語ってくださ い」といわれました。しかし私はこう答えました。「僕に夢はありません」と。

その言葉を聞いたラジオのパーソナリティーは驚いていましたが、自分のなかではごく自然な発想なのです。「世界中を旅して、紀行文を書きたい」など、個人的な夢はもちろんもっています。しかし、こと仕事に関して、私は「夢に向かって頑張る」というより、ただ「毎日毎日を一生懸命に生きる」ということに集中しているからです。

本書の冒頭にも書きましたが、私は妻を四〇代の若さで亡くしています。そして残された自分はどうやって生きていけばいいのか、ずっと考えてきました。また私と同様、大切な家族を亡くした人は大勢いると思います。それぞれが苦しみのなかで「どうやって生き続ければいいのか」という大きな問題に直面していると思います。また私たち自身も一人の人間として、いつ命が終わるかも知れません。何かの事故に巻き込まれるかもしれません。また明日、直下型地震が起きないとも限らないのです。

まさに心配は尽きないのですが、それでも人は命のある限り、生き続けなければなりません。その状況でどうやって心を平静に保つのか。私の考え方では、一日一日を精一杯に生き、今日を人生最良の一日とするしか方法がないと思います。夜眠るとき、悔いることがない。その夜に死んでしまったとしても「ああ、自分は幸せな人生だった」と満足できる。そういう一日の過ごし方を積み重ねていけば、あえて夢に向かって走らなくても、結果として自分の夢はきっと達成されると思います。

会社の経営をしていれば「株式上場の夢はないですか？」と聞かれることもあります。しかし、そんな夢もまったくありません。毎日しっかり働き、世のなかの人たちから感謝をされ、利益があがれば、結果的に上場があるのかもしれません。後から振り返れば、夢が実現したということになるのかもしれませんが、結局、私の視線は今日だけをみているのです。高い志をもって仕事をし、自分にプライドをもって自由に生きるということです。

これからの日本は本当に大変な時代を迎えます。赤字国債を大量に発行し続けることは不可能ですから、産業そのものを伸ばし、経済を活性化させる必要があります。そのとき、日本人一人ひとりが知恵を出し、モチベーションを上げて自立し、社会をよくしなければならないのです。その基本となるところに「感謝の心を忘れず、今日を真剣に生きる」という生き方を据えてほしいと私は思っています。

おわりに

ロンドンオリンピックが幕を下ろしました。日本の躍進はめざましく、オリンピック史上最多のメダルを獲得しました。なでしこジャパンや女子卓球団体、男子フェンシングは決勝戦に進み、競泳の男子メドレーリレーも銀メダルに輝きました。レスリングやボクシングなどの個人戦でも日本選手が大活躍し、日本中がさわやかな感動に包まれました。

メダルをとった選手もとれなかった選手もインタビューで口にしていたのが、「感謝の気持ち」です。両親、コーチ、チームメート、職場の同僚、そしてロンドンまで応援に駆けつけた人たちに対しての感謝の言葉でした。

「自分がメダルをとれたのは、家族の支えのおかげ」「オリンピックに参加できたのは、才能を見い出してくれた監督のおかげ」「決勝戦まで行けたのは、応援してくれた日本の人たちのおかげ」など。厳しい練習に耐え、オリンピックという大きな舞台で力を出し切った選手たちだからこそ、「この栄光は自分の努力だけで成し遂げられたものではない」という謙虚に感謝する気持ちになるのでしょう。

私たちは多くの人たちに助けられて生きていますが、そのことをよく理解せずに毎日を過ごしています。家族に支えてもらえるのが当たり前、会社に一生雇ってもらえるのが当たり前、何かあったら国や市に助けてもらえるのが当たり前。そうではありません。これからは、自己責任で自立して生きていかなければいけないのです。そして、生きていくうえでのしっかりとした考え方をもつ必要があります。

人生の考え方で、最も重要なのは「志をもつ」ことです。常に相手のことを考え、どうやったら役に立てるのかを第一に考えます。それは表面だけの題目ではなく、心からそう思って、すべての行動を行うのです。自分の利益になるから、自分が得をしたいから、自分が儲けたいからという発想では、口先でいくら顧客志向といっても、先方はすぐに気づき、落胆するでしょう。嘘やごまかしはもっとも人を傷つけます。

「相手を第一に考えて仕事をする」という心構えができたら、後は本書のなかで細かく説明した「感謝の心」と「喜ばれることをする」という絶対法則をそのまま実践してください。コミュニケーションに必要なヒューマンスキルや専門能力などは、努力していく過程でしっかりと身につくはずです。そして最後には立派な成果が出て、お客様は喜び、目標は達成され、あなた自身のレベルも大きくアップします。

こうして出会うことのできた自分のなかの「幸福感」は、まさに絶対的な感覚です。

他人と比較して「自分のほうが出世した」とか「あの人より、自分は立派な学歴がある、大企業に勤めている」など、相対評価の世界では決して味わえないものなのです。そして人に喜んでもらう自分になれば、自然とネットワークや人脈が広がり、周囲の人間が放っておかない人材になります。結果として、現代の日本社会を生きる不安も軽減していくでしょう。

自立して幸せに生きる方法をむずかしく考える必要はないのです。シンプルに考えて、まっすぐに行動してください。必ず答えが出ると私は確信しています。そして本書がその一助になれば、これほどうれしいことはありません。

平成二四年八月一三日

リッキービジネスソリューション株式会社　代表取締役　澁谷　耕一

■著者略歴

澁谷　耕一（しぶや　こういち）

一橋大学経済学部卒、ニューヨーク大学大学院中退。1978年４月日本興業銀行入行、ニューヨーク支店（日系営業担当）、企業金融開発部（米国投資・M&A 担当）、日本橋支店（営業第５班長）、香港支店副支店長、企業投資情報部副部長（海外投資・M&A 担当）を経て、2000年10月みずほ証券公開営業部部長。2002年３月同社を退職。2002年５月リッキービジネスソリューション株式会社設立、代表取締役就任。2013年４月神奈川県政策顧問就任。2019年９月長崎県顧問就任。

メールアドレス　rbs-shibuya@rickie-bs.com

〔おもな著書〕

「逆境は飛躍のチャンス—妻を亡くしたシングル・ファーザー、48歳で起業する」（PHP 研究所）、「事例に学ぶ法人営業の勘所—ソリューション営業の極意」（共著）「経営者の信頼を勝ち得るために—営業職員のコミュニケーション術［第２版］」「［KINZAI バリュー叢書］経営者心理学入門」（以上、金融財政事情研究会）

感謝する力
澁谷流—輝く未来の見つけ方—

2012年11月７日　第１刷発行
2021年７月12日　第９刷発行

著　者　澁　谷　耕　一
発行者　加　藤　一　浩
印刷所　株式会社太平印刷社

〒160-8520　東京都新宿区南元町19
発　行　所　**一般社団法人 金融財政事情研究会**
編　集　部　TEL 03(3355)2251　FAX 03(3357)7416
販　　　売　**株式会社きんざい**
販売受付　TEL 03(3358)2891　FAX 03(3358)0037
URL https://www.kinzai.jp/

ISBN978-4-322-12131-5